Westfälisches Schimpfwörterbuch

Rainer Schepper

Plattdeutsches Schimpfwörterbuch
für Westfalen

Verlag SCHUSTER Leer

ISBN 3-7963-0301-3
1. Auflage 1992
©1992 by Verlag SCHUSTER D 2950 Leer
Veröffentlichungen in Medien gleich welcher Art bedürfen
einer vorherigen schriftlichen Genehmigung.
Lektorat: Theo Schuster
Grafik: Erika Müller-Pöhl
Schrift: 9.5 / 11 Punkt Times
Gesamtherstellung: Hans Kock Buch- und Offsetdruck GmbH, Bielefeld
Printed in Germany

Inhalt

Vorbemerkungen

Die Anregung, dieses plattdeutsche Schimpfwörterbuch für Westfalen zusammenzustellen, ging von Theo Schuster aus, der 1991 in seinem Verlag das von ihm selbst in mehr als zwanzig Jahren gesammelte Material als ›Plattdeutsches Schimpfwörterbuch für Ostfriesen und andere Niederdeutsche‹ herausgab, eine umfangreiche Sammlung, deren lesenswertes Vorwort Grundlegendes zum Thema ›Schimpfwort‹ referiert. Auf seine Ausführungen und die noch detaillierteren Untersuchungen von Reinhold Aman in seinem ›Bayrisch-österreichischen Schimpfwörterbuch‹ werde ich im folgenden zurückgreifen, um den Begriff des Schimpfwortes näher zu beleuchten.

Die Eingrenzung dieses Begriffes war das eine Problem bei Zusammenstellung dieser Sammlung, die Ausweitung — und zugleich Eingrenzung — auf Westfalen das andere. Schlägt man Kluges Etymologisches Wörterbuch auf, so erfährt man zunächst, daß ›Schimpf‹ ursprünglich etwas völlig anderes meinte, als wir heute darunter verstehen. Im Althochdeutschen und Mittelhochdeutschen bedeutete es nichts anderes als: Scherz, Spaß, Kurzweil. Nichts Böses, nichts Negatives war also ursprünglich damit gemeint. Noch bei Friedrich von Logau (1604—1655), dem großen deutschen Epigrammatiker, erscheint das Begriffspaar ›Schimpf und Ernst‹ als Gegensatzpaar in der Bedeutung ›Scherz und Ernst‹, weit entfernt noch von der uns geläufigen Redensart ›Schimpf und Schande‹, die zwei nahezu synonyme Begriffe koppelt. Kaum anders als Logau verfuhren Lessing (1729 — 1781), Wieland (1733 — 1813) und Musäus (1735 — 1787) mit dem Begriff ›Schimpf‹. Die uns geläufige Bedeutung kam erst in frühneuhochdeutscher Zeit auf, seit die alte von den Begriffen ›Scherz‹ und ›Spaß‹ übernommen wurde. So bedeutet auch das niederländische Wort ›schimp‹ soviel wie ›Hohn‹ und ›Schmach‹. Im Übergang, zur Zeit des Bedeutungswandels also, meinte ›Schimpf‹ das Scherzen in verletzender Absicht; in dieser Zeit wurde aus dem Scherzwort das Schimpfwort.

Auch das Zeitwort ›schimpfen‹ ist alt, wie Kluge berichtet. Ursprünglich meinte es: Scherz treiben, spielen, dann auch verspotten.

So ist schon vom Wort selber her, das über die Jahrhunderte hin einem Bedeutungswandel unterworfen war, die begriffliche Eingrenzung des ›Schimpfwörterbuches‹ schwierig. Nimmt man dazu etwa die oben erwähnte Redensart ›Schimpf und Schande‹, die ›Beschimpfung‹ oder die Abwandlungen des Zeitworts ›schimpfen‹ in ›ausschimpfen‹, ›beschimpfen‹, das zugehörige ›schimpflich‹, so eröffnet sich ein weites Bedeutungsfeld, das in einem Schimpfwörterbuch zu erfassen ist. Will diese Sammlung also ihrem Titel gerecht werden, so muß sie alle Varianten des Schimpfens enthalten, und die Skala geht vom Fluch und der Verwünschung über die Beschimpfung, die Verbalinjurie, die Beleidigung, die Ausdrücke von Verachtung, Verächtlichmachung, Spott, Geringschätzung, Abwertung zu mißfälligen Bemerkungen über Andersartigkeit bis hin zur nachsichtig-harmlosen Spöttelei und zur halbscherzhaften oder scherzhaften, fast schon nachsichtig-lächelnden Kritik.

Das Schimpfwort gibt es im übrigen nie als solches; das heißt das einzelne Schimpfwort ist in seiner Bedeutung fast nie klar eingegrenzt. Die gleiche Vokabel kann im Kontext der Rede ihre Bedeutung abwandeln von der verächtlichsten Beschimpfung bis zur nachsichtigen Toleranz, ja bis zum Kompliment, zur Anerkennung, zum Lob. Dabei spielt nicht nur der Kontext von Rede und Gegenrede eine Rolle, sondern auch, worauf Aman ausführlich hingewiesen hat, der Tonfall, das Mienenspiel, die Gestik. Dafür nur ein Beispiel: Du aolle Suegge! (Du alte Sau!) kann tiefste Verachtung ausdrücken, kann die Beschimpfung charakterlicher, moralischer Minderwertigkeit sein, kann aber auch nachsichtige Toleranz mit scherzhafter Kritik mischen, wenn zum Beispiel jemand bei Tisch aus Versehen das Tischtuch beschlabbert hat; kann negativ formulierte hohe Anerkennung sein, wenn jemand etwa einen zotigen Witz gut erzählt hat und dafür Beifall finden soll. Eine ähnliche Bedeutungsskala kann z.B. auch dem Wort ›Swieneggel‹ (wörtl.: Schweinigel) innewohnen, verschieden je nach Anwendung, nach Kontext, nach konkreter Situation.

Die ganze Palette von verächtlicher Lieblosigkeit bis zu liebevoller Zärtlichkeit ist zum Beispiel ablesbar an manchen Schimpfwörtern für Kinder: Bücksenpeter, Dicksack, Kläggekatte, Krodde, Krottsack, Lüllpeter, Pummerl, Slackedalges, Slams, Sleif, Slüngel, Snüffel von'n Jungen. Der Stärkegrad eines Schimpfwortes ist also relativ und wird durch verschiedene Umstände definiert. Maßgebend ist dabei nicht eigentlich die Wortwahl selbst, sondern das Maß an Aggressivität, das ihr zugrundeliegt. Der Ton und das Gesamtverhalten des Schimpfenden machen die Musik. So kann nicht nur das gleiche Wort, sondern auch die gleiche Formulierung seines Kontextes — je nach Umständen — sowohl schärfste Beleidigung als auch höchste Anerkennung ausdrücken. Das Schimpfwort ist also eigentlich schillernd, abstrakt ungreifbar, nur im Konkreten fixierbar.

Das alles ändert aber nichts an der Tatsache, daß Schimpfen in der Regel ein verbaler Akt des Angriffs ist, gleichsam das Abfeuern eines explosiven Geschosses, dessen Auslösung bestimmte Vorgänge vorausgehen müssen, damit sie überhaupt stattfinden kann. Reinhold Aman hat die psychologischen Abläufe, die dem Schimpfen vorauszugehen pflegen, ausführlich untersucht und beschrieben. Er sieht im Vorgang des Schimpfens eine Kausalkette, eine Kette von Ursache und Wirkung. Diese Kette beginnt mit der Frustration, die durch ein negatives Erlebnis oder Gefühl ausgelöst wird. Diese Frustration ruft einen Affekt, einen Erregungszustand, hervor, der bewältigt werden muß. Wird er unterdrückt, gleichsam heruntergeschluckt und verdrängt, so wird der

Mensch, geschieht dies öfter oder gar regelmäßig, auf die Dauer krank, psychisch wie physisch. Wer ständig Ärger, Haß und Zorn in sich hineinfrißt, zieht sich körperliche und seelische Schäden zu. Dagegen ist die Aggression, und sei sie nur verbale Entladung, eine gesunde, die Gesundheit erhaltende Reaktion. Der Überdruck muß nach außen abgelassen werden, um innere Schäden zu vermeiden. Damit erfüllt Schimpfen eine wichtige Funktion: es stellt das innere Gleichgewicht wieder her, es erleichtert, befreit. Mit einem Wort: Schimpfen ist gesund, jedenfalls dann, wenn es den Schimpfenden von psychischem Druck entlastet.

Auf die weitere Kausalkette, die Aman ausführlich beschreibt, sei hier nicht weiter eingegangen, nämlich auf die üblen Rückwirkungen, die das Schimpfen für den Schimpfenden haben kann, und die ihn in erneute, möglicherweise schlimmere Frustration bringen können. Der psychologische Mechanismus, der das Schimpfen auslöst, läßt jedenfalls vermuten, daß dieses so alt ist wie das Vermögen des Menschen, sich der Sprache als Verständigungsmittel zu bedienen. Nachweisbar ist die Verwendung von Schimpfwörtern nach Aman u.a. in der Lex Salica, dem Gesetzbuch der salischen Franken (in lateinischer Sprache verfaßt um 510 n. Chr.), in den Kasseler Glossen um 800 und in der mittelhochdeutschen Literatur um 1200. Aber es wird nicht viel Mühe kosten, Schimpfwörter und Beschimpfungen in weit älteren Schriften aufzufinden. Vielleicht wäre es interessant, daraufhin einmal die Bibel, insbesondere das Alte Testament, zu durchforsten.

Schimpfworte und Beschimpfungen wären vermutlich weniger wirkungsvoll und sicher für den Beschimpfenden weniger befreiend und gesunderhaltend, würden sie sich auf die nüchterne Feststellung von Fakten beschränken. Es ist ein erheblicher Unterschied, ob ich einen Menschen sachlich — und vielleicht gar in hilfreicher Absicht — darauf aufmerksam mache, daß er unordentlich herumläuft, seine Pflichten versäumt, sich moralisch nicht einwandfrei verhält, charakterliche Mängel dieser oder jener Art erkennen läßt, oder ob ich ihm in anschaulicher Übertreibung und in entsprechendem Tonfall an den Kopf werfe, er sei ein Smiärlapp, ein Swienieggel, ein Fliernflittk, ein Loßdriewer, ein Lodderjan oder ein Lumpsack. Schimpfwörter sind alles andere als sachliche Feststellungen, sie veranschaulichen durch Übertreibung und bedienen sich dabei in aller Regel der Metapher, sie benutzen wirkungsvolle anschauliche Vergleiche, die zwar den Kern der Sache treffen und das Wesentliche karikierend erfassen, dabei aber ins Negative stark übertreiben. Und gerade in dem durch herabsetzenden Vergleich Übertriebenen liegt das Verletzende und zugleich Wirkungsvolle des Schimpfworts.

Zum Vergleich, den das Schimpfwort heranzieht, dienen vorwiegend Namen, Körperteile, Tiere und Gegenstände, in manchen Fällen auch Berufe.

Gebräuchliche Vornamen werden gern als despektierliche Zutat im Schimpfwort verwendet, meist als Anhängsel: Alwerjan, Balderjochen, Bummelhermen, Luedderhans, Quängelpeter, Strunzmichel, Vlatsnickel, Blieckedine, Blieckejohanna, Quängelstine, Sippeltrine.

Pars pro toto gemeint sind folgende Schimpfwörter, die den Beschimpften mit bestimmten Körperteilen vergleichen: Äskiev, Bangemäse, Balderäs, Biesegatt, Dickbuuk, Driefnack, Dummbaort, Fuett, Grautmuul, Grönsnawel, Kribbelkopp, Lachsnute, Leckertann, Matsfuetse, Quängelkunte, Sliepphacke, um nur einige zu nennen.

Der Vergleich mit dem Tier kennzeichnet u.a. die folgenden Schimpfwörter: Adderhöneken, Adderkatte, Appeltiewwe, Dueddeldier, Fickel, Gaffeltange, Gaitlink, Galgenvuegel, Gaus, Hitte, Huornk, Lollekater, Mistfinke, Nachtuhle, Osse, Pieckhengst, Rieckel, Stuetterbuck, Sueggestiätt, Swienieggel, Uhlenküken, Üße.

Gegenstände, oft Kleidungsstücke werden in folgenden Fällen zur übertreibenden Veranschaulichung herangezogen: Apenstauhl, Aolle Schüer, Aolt Isen, Balderbückse, Bullerbast, Dullbrake, Galgenstrick, Knickstiewwel, Knieptange, Küerdaise, Lodderwams, Leigenbühl, Lumpsack, Pund Wuorst, Quängelpott, Ruggliähr, Schandplaoster, Schnottlieppel, Schruwe, Schubbejack, Smachtlappen, Smiärlapp, Stankettenflicker, Wiährfahne.

In solchen Vergleichen mit Allerweltsnamen, Körperteilen, Tieren und Gegenständen ist eine bestimmte Herabsetzung intendiert, die der Beschimpfte in aller Regel auch nicht anders auffaßt. Gerade im übertreibenden Vergleich liegt der Reiz des Schimpfworts, der doppelte oder eigentlich dreifache Reiz. Der Primärreiz liegt in der Aggression des Beschimpfenden, in der Entladung seiner Frustration; der Sekundärreiz darin, daß der Beschimpfte gereizt und verletzt wird; vom Tertiärreiz profitieren alle Unbetroffenen, die sich über das Schimpfwort und das damit Gemeinte amüsieren.

Das Schimpfwort hat aber noch einen weiteren Reiz, insofern nämlich, als es regionalbezogen ist und sich besonders ursprünglich, frisch und saftig in der Mundart auszudrücken vermag. Damit sind wir beim Westfälischen.

Das westfälische Plattdeutsch gehört zur niederdeutschen Sprache, die es nur in der Summe ihrer Mundarten gibt. Unter allen niederdeutschen Dialekten hat das Westfälische — und hier vor allem das Sauerländische — nach einer Feststellung Erich Nörrenbergs den ältesten Lautstand der germanischen Sprachen bewahrt. Dieser macht das westfälische Platt für alle übrigen Niederdeutschen, erst recht für den hochdeutsch Sprechenden, so schwer verstehbar. Die vielen Diphthonge (Doppelvokale) des Münsterlandes, besonders aber die Triphthonge (Dreifachvokale) des Sauerlandes und einiger Landschaften in Ostwestfalen sind für manche Leser eine Hürde, die sie nur ungern nehmen. Das hat zum Beispiel bewirkt, daß die plattdeutschen Dichtungen Augustin Wibbelts, Friedrich Wilhelm Grimmes und Christine Kochs über die westfälische Region leider nie so recht hinausdringen konnten. In der vorliegenden Sammlung wird versucht, die unterschiedlichen Mundarten Westfalens gleichberechtigt nebeneinander und miteinander zu berücksichtigen. Der münsterländische *Buer* steht also neben dem sauerländischen und Soester *Biuer*, die münsterländische *Moer* neben der südwestfälischen *Mäöer*. Die meisten Sprichwörter, die zu einzelnen Schimpfwörtern, um sie erklärend im Kontext zu bringen, hinzugefügt wurden, sind westfälisches Allgemeingut und ließen sich ebensowohl in der Mundart des Münsterlandes, des Reviers an Ruhr und Lippe, des Sauerlandes oder Ostwestfalens zitieren. Sie wurden in der Mundart der mehr oder weniger zufälligen Fundstelle des betreffenden Schimpfwortes belassen. So wird der Münsterländer ebenso wie der Sauerländer, der Bielefelder wie der Soester, der Bochumer wie der Bocholter seine Mundart in dieser Sammlung vorfinden können. Freilich konnte nicht jedes Schimpfwort in jeder westfälischen Mundartvariante vorgeführt werden, sondern einzelne erscheinen höchstens in zwei Varianten. Jeder Leser, der sich in seiner Heimatmundart auskennt, wird jedoch unschwer das betreffende Schimpfwort in die ihm vertraute Mundart abwandeln können, so daß mit der einfachen Wiedergabe kaum ein Nachteil verbunden sein dürfte. Der Nichtkenner westfälischer Mundart wird sich an allen Wortformen in gleicher Weise erfreuen können und diese eventuell nach seinem Verständnis oder Vermögen abwandeln. Auch darin liegt kein Nachteil, zumal die Bedeutungen, in vielen Fällen zusätzlich in wörtlicher Übersetzung, angemerkt sind.

Das gewählte Verfahren hat den Nachteil uneinheitlicher Rechtschreibung. Das aber hat den Vorteil, daß die plattdeutschen Rechtschreibungsfanatiker — und derer gibt es keineswegs wenige — Gelegenheit erhalten, von Herzen auf dieses Schimpfwörterbuch zu schimpfen. Dieser Schneeballeffekt, der gleichwohl kaum zu einer Lawine anschwellen wird, sei gern in Kauf genommen. Es lag mir nicht daran, mit diesem Buch orthographische Konsequenz zu exerzieren, sondern die Vielfalt des Schimpfwörterreichtums in Westfalen zu dokumentieren, mit 664 Schimpfwörtern übrigens, wenn ich richtig gezählt habe; denn **Buer** und **Biuer** wurden nicht doppelt gezählt. Damit ist der Bestand an Schimpfwörtern im westfälischen Platt sicher keineswegs erschöpft. Zudem gibt es manche Schimpfwörter nur als Redensarten, wie etwa: ›Du kanns mi dohen, äs ick denke!‹ Es ist das berühmte Götz-Zitat in westfälischer Variante.

Damit ist nun eigentlich genug vorherbemerkt worden. Will sich der Leser theoretisch näher informieren, so seien ihm die im Literaturverzeichnis aufgeführten Bücher von Reinhold Aman und Theo Schuster empfohlen. Auch wenn das erste leider vergriffen ist, wird es in Bibliotheken verhältnismäßig leicht erreichbar sein.

Auszusetzen gibt es immer und an allem etwas, so auch an diesem Buch. Wem daran liegt, der mag es tun. Für fördernde Kritik, die sich in einer vielleicht möglichen zweiten Auflage berücksichtigen lassen wird, werde ich jedem dankbar sein. Dem Kritikaster aber sage ich ein aufrichtiges: ›Du kanns mi dohen, äs ick denke!‹

Münster, Februar 1992   Rainer Schepper

Schimpfwörter
von ›ächten‹ bis ›Wuoddelbuil‹

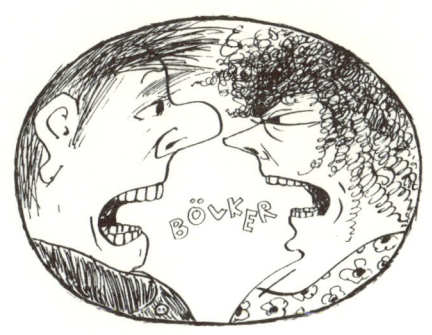

ächten
hinten
Hä wäit vörne nich, dat hä ächten liäwet (er ist dumm; lahm, phlegmatisch, faul)

Ächste, Ächterdeel, Ächterpant
Gesäß, Hintern
Wann se di ne Raiwe in'n Ächsten stiäcket, slieppet dat Läof no üöwer de Är (sagt man von einem kleinen Gernegroß)
Dä hät en Ächsten, do könnt säß Mann Karten drop kloppen
Du kriß glieks äine geknallt, dat di de Tiänne taum Ächsten rutfleigt (brutale Drohung)
Wat hä met de Hänne opricht, schmitt hä met'n Ächsten wier üm (ungeschickt)

Adderhöneken
Mädchen, das sich gern putzt; Einschmeichlerin (wörtl.: Natterhühnchen)

Adderkatte
böse, scharfzüngige Frau (wörtl.: Natterkatze)

Alfanzerigge
Aberwitz, dummes Zeug

Allemannsbruut
Jedermannsliebchen; Mädchen, das mit vielen Jungen verkehrt

Alwerjan
alberner Mensch

Androis
Dummerjan (wörtl.: Andreas)
Androis, piss ois, är diu in't Berre goist

Angeltrine
leichtfertiges Mädchen (eigentl.: eine Trine, die auf das Angeln von Männern bedacht ist, auf Männerfang)
Se is ne olle Angeltrine

anschieten
anführen, betrügen im Handel oder Tausch

Antefuett
steht für Geschwätzigkeit (wörtl.: Entenhintern)
Di geiht de Muule as ne Antefuett

Antenärs
Schwätzer (wörtl.: Entenarsch)

Aoband
Unband, zügelloser Mensch, Taugenichts, alberner Mensch

aohrdreisk
verdrießlich, eigensinnig, nörglerisch, streitsüchtig (wörtl.: mit verdrehten Ohren)

Aolle Schüer
alter Mann, alte Frau (wörtl.: alte Scheune)
Wann olle Schüern briännt, dann briännt se lichterlauh (Spott über späte Liebe)

Aollske
die Alte

Aolt-Isen
alter Mensch, alte Leute (wörtl.: Alteisen)
Hä es unner't aolle Isen gerohn (von einem alten Junggesellen)

Aos
Aas, Luder, Biest

Aostüüg
Aaszeug

Ape, Apenköster, Apenstauhl
Affe, närrischer Mensch, Geck (wörtl.: Affenküster, Affenstuhl)
Je höher de Ape stigg, um sou mäh wiest hä de → Fuett (Emporkömmlinge, die sich niederträchtig benehmen)
Wenn du'n Apen seihen wuß, dann kiek in't Speigel
Du bis en aollen Apenköster

Aperie
Afferei, närrisches Betragen, geziertes Benehmen

apig
äffisch, geziert

Appeltiewwe
Marktweib, Obstverkäuferin (wörtl.: Apfelhündin)

Är
Erde
Do es ne guede Soot an de Är gekommen (abschätzig über einen Verstorbenen)
Do es ne guede Soot an de Är, se draff blouß nich opgohn (noch verächtlicher)

Ärsficker
Päderast, Homosexueller

Ärsgatt
Arschloch
Bat em geht dör't Schullerblatt, dat geht em ock dör't Ärsgatt

Ärskärl
schlechter Mensch (wörtl.: Arschkerl)

Ärslecker, Arslicker
Schmeichler, Speichellecker, Kriecher (wörtl.: Arschlecker)

Ärsnickel
schlechter Mensch, schlechte Frau

Ärspuppe
schlechte Frau (wörtl.: Arschpuppe)

ärswuorsten
kacken (wörtl.: arschwursten)

Äs
Arsch, Hintern
Biuer, leck mi im Äse
Wann kleine Kinner kacket äs gräote Luie, dann bierst ne de Äs
Wai kacken will, mat den Äs dotau daun; wai'n iutlennt, mat düör de Tiänne
schuiten (scheißen)
Leck de Füörske (Frösche) im Äse, dann briukste kainen Stät optebüöhren
(keinen Schwanz hochzuheben) (zu einem Bequemen)

Askeprökeler
Kind, das sich gern schmutzig macht (wörtl.: Aschenpurrer)

Äskiev
Arschkerbe
Hei löppet met äs't Hiemd im Äskiev (Mitläufer ohne eigenes Ziel)
(In Münster wurde die heutige vom Alten Steinweg abzweigende kleine ›Arzt-
karrengasse‹ früher im Volksmund ›Äskiev‹ genannt.)

astrant
anmaßend, eingebildet, selbstbewußt, unfreundlich, streng, scharf, anfah-
rend, grob, barsch, kurz angebunden, (zu franz.: astreindre = zwingen; vielleicht aus dem Namen einer einst beliebten Heilpflanze Astrantia = Meister-
wurz gebildet)

äsverkatt
völlig falsch, absolut verkehrt (wörtl.: mit dem Hintern nach vorn)

Bäbbel
geschwätziger Mund
Haoll dienen Bäbbel!

Bäbbelsnute, Babbelsnute
Plappermaul; Frechdachs

Backelaas
plumper, roher, ungeschliffener Mensch

Bählamm
blökendes Lamm; Jammerlappen
Hä es en richtigen Bählamm

Balbuuser
schlechter Wirtschafter

Balderäs
jemand, der blind und unbedacht auf etwas zugeht (wörtl.: Polterarsch)

Balderbückse
Aufschneider, Schwätzer (wörtl.: Polterhose)

Balderfritteken
einer, der blindlings handelt (wörtl.: Polterfrettchen)

Balderhans, Balderjan, Balderjochen, Balderkopp
ungestümer Mensch, Polterer; jähzorniger Mensch (wörtl. Polterhans usw.)

Balg
In dän sitt nich mähr drin as en Balg vull warme Diärme (er ist zu nichts zu gebrauchen)

Balkenkater
übermütiger Mensch, der viel herumbalgt (wörtl.: Balkenkater, also ein Kater, der z.B. auf dem Heuboden über die Balken tobt)

ballerig
polternd, grob im Benehmen; unbedacht, ungeschickt

balstürig
widerspenstig, nicht lenkbar, störrisch, halsstarrig (eigentl.: nicht zu steuern)

Bandrieckel
falscher, tückischer Mensch (eigentl.: Kettenhund)
Dat is en aollen Bandrieckel

Bangebücks, Bangehitte, Bangeküettel, Bangemäse, Bangschieter, Bangsteert
Angsthase, ängstlicher und furchtsamer Mensch, Feigling, Drückeberger
(wörtl.: Angsthose, ängstliche Ziege, Angstkötel, Angstarsch, Angstscheißer,
Angstschwanz)
Du aolle Bangebückse!

Bankert
uneheliches oder herumstrolchendes Kind

Banklammer(t)
Faulenzer (der sich gern auf Bänken und Stühlen räkelt)

Banklammerie
Balgerei, schlechtes Benehmen
Laot doch de ewennige (ständige) Banklammerie, un sitt still!

banklammerig
ungebührlich, ungehobelt

banklammern
sich räkeln, ungebührlich benehmen, z.B. auf Schulbänken

Bankrieckel
unbeholfener Mensch

baortgaiwe, baortgeil
großtuerisch, ein großes Wort führend, großsprecherisch, prahlerisch, redse-
lig (wörtl.: bartgeil)

Barbutz, Baortkratzer, Baortschräpper
Barbier, Friseur

Baselack
ungeschickter, tölpelhafter Mensch

Baselgiärd, Baselhannes, Baseljost, Baselkopp
hastiger, sich überstürzender Mensch; ungestümer Mensch; ungeschickter
und lauter Mensch; einer, der unüberlegt handelt

Baseltrine
vergeßliche Frau

Bäsken
böses, unartiges kleines Mädchen (ironisch, nachsichtig) (wörtl.: die kleine
Beste)

Bässembinner
Besenbinder
He süpp as'n Bässembinner

Baskire
grober, klotziger Kerl; klobiger, dicker Kerl (Baschkire = Tatare)

beäösen
beschmutzen

Beddemieger, Beddepisser, Beddestruller
Bettnässer (allgemein abfällig)

Beddelhans
Bettler

Beddelpack
Bettelvolk

Beddeschieter
Bettbeschmutzer

Bedreiger
Betrüger

bedrieten
bescheißen, betrügen, anführen

Beene
Beine
Hä gäiht op drei Beene (geht am Stock)

Beerkopp, Beersüper
Biertrinker, Betrunkener

Beist
Biest, Unmensch

bekladdern
beschmutzen
De Deerne hät sick bekladdert (das Mädchen hat sich mit einem Mann einge-
lassen)

Bello
dicker Kerl, Dicksack

Bengelken
noch nicht getauftes Kind, Heidenkind

berotzen
mit Rotz besudeln; Schlechtes von jemand sprechen

beschasken
sich betrinken
He is all wier beschasket

beschieten
bescheißen, betrügen

Beschieter
Betrüger

Biesegatt
Bezeichnung für Leute, die leicht erregt und heftig werden

Biesemicke
unordentliche, schlampige Frau

Biettiewwe
Rabenmutter, zänkische Frau (wörtl.: bissige Hündin)

Biewwerbücks
Angsthase, ängstlicher Mensch (wörtl.: Zitterhose)

Bisterbalg
Herumtreiber, Springinsfeld

Bisterkopp
zerstreuter Mensch

Biuer
fauler Mensch (wörtl.: Bauer)
Wenn de Biuer Glücke hiät, finnt hai'n Mist in d'r Bücksen
→ Buer

Biwief
Kebse, Nebenfrau

blädddern
meckern, blechern sprechen; sich versprechen
Me kann sick ähr verkuiern (versprechen) äs ne Hitte (Ziege) verbleddert
(falsch meckert)

Blage
unartiges oder albernes oder nicht ernst zu nehmendes Kind (wörtl.: Balg)
Kösters, Pastouers un Schandarms Blagen düeget vaken nich
Wenn de Blagen to Markt gaoht, kriegt de Kräömers Geld
Slaoh kinn Mensk siene Blagen daut; man weet nich, wat drut wäern kann
We Blagen utschickt, krigg Blagen wier

Blagenkopp
alberner, kindischer Mensch (wörtl.: Kindskopf)

Blieckedine, Blieckejohanna
schimpfende Frau (wörtl.: bellende Trine bzw. Johanna)

Blieckekunte
Frau, die viel schimpft (wörtl.: bellender Hintern)

Blieckesnute
Angeber, Großsprecher (wörtl.: bellende Schnauze)

Bliecketiewwe
bissige Frau (wörtl.: bellende Hündin)

Blinnehesse
unachtsamer Mensch (wörtl.: blinder Hesse)

Blubberbaort
undeutlich oder unfreundlich sprechender Mensch

Bölkebast, Bölkebroder, Bölkehals
Schreihals; jemand, der brüllt; schreiendes Kind

Bölker
einer, der immer ein großes Mundwerk hat

Bollenkleiwer
jemand, der bei Frauen zugreift (wörtl.: Schenkelgreifer; eher scherzhaft)

Bollerkopp
Polterer, Wüterich, jähzorniger Mensch

Borst
Brust
Dä hät ne Borst, do kann se'n paar Glas Bäier drop driägen

Böskopp
jemand, der starrsinnig und trotzig ist (wörtl.: böser Kopf)

Braodenmiul
breites, rundes Gesicht (wörtl.: Bratenmaul)

Bräoer
Bruder
Hai ies de beste Bräoer äok nit
Hai ies diem schlechten Käl suin Bräoer

Briäckmiddel
Brechmittel, widerwärtiger Mensch
Dat es en lebännig Briäckmiddel

Bruimöppel
Griesgram (wörtl.: Braukinn, jemand an dessen Kinn sich etwas zusammen-
braut)

Brusekopp
aufbrausender, jähzorniger Mensch (wörtl.: Brausekopf)

Buck
Bock
Dat is en stiewen Buck (steifer Mensch)

Bücksenpeter
Hemdenmatz

Buer
Bauer; dummer Mensch, Tölpel; Biest, tückischer Mensch
De Buer is en Schelm von Natur: spiggs em in'n Hals, is't em teviell, spiggs
em up't Land, is't em to wennig
En Buer is en Buer un en Schelm von Natur
Guotts Barmhiättigkeit, Papen Begiährlichkeit un Buern Rieckligkeit duert in
alle Ewigkeit
En Buer bliff en Buer, un wenn he auk slöpp bis Middag
Et giff kinn Dier, wat met'n Mensk mähr Ähnlichkeit hät äs de Buer
En Buer is en Beist, he frätt, wat he kneist (verdauen kann)
En Buer, en Iesel un en Ackerpiärd sind drei Beister
Wenn man en Buer un en Rüen in ne Tunn (in'n Sack) döht un rullt se den
Biärg harunner, dann is ümmer en Rieckel buoben
En Buer is en wunnerlick Dier, he verköff ne Koh, en Kalf, en Piärd; he ver-
köff auk ne Därn
Wat de Buer nich kennt, dat frätt he nich
De dümmste Buer hät de dicksten Katuffeln
Rieget ju (reiht euch auf), sagg de Buer, dao hadde he män eene Koh in'n Stall
→ Biuer

Buerntrampel
grober, ungeschlachter Mensch (auch von Frauen)
Dat is en richtigen Buerntrampel

Buffbaff
ungeschickter, grobschlächtiger Mensch
Dat is en richtigen Buffbaff

Bullekärl
Schreckgestalt, mit der man Kinder bange macht

Bullerbast
Polterer; leicht aufbrausender, jähzorniger Mensch

bullig
vom Trinken aufgeschwemmtes Gesicht (wörtl.: bullenähnlich)

Bummel-Hermen
Bummelant, Trödelfritze (wörtl.: Bummel-Hermann)

Buttkopp
Grobian

D

Dabbelbäte
geschwätzige Frau

Dagsläöper
Tagschläfer, Faulenzer

Dämelack
dummer Mensch, blöder Mensch

Danzmester
Allotriatreiber (wörtl.: Tanzmeister)

daor
töricht
De Daore döht, wat he nich laoten kann, de Wiese läött, wat he nich dohn kann

däösig
blöde
Junge, Junge, wat büs du däösig

Däöskopp
Dämelack, Einfaltspinsel, Tölpel
Du aolle Däöskopp, paß doch up

Daske
geschwätzige Frau

Daugenicks
Taugenichts, Tunichtgut

daun
tun
Diu kanns mi daun, äs ik denke = bekanntes Götz-Zitat

dautslaohn
totschlagen
De stiärft nich, den mott man dautslaohn = der ist so zäh, daß er auf natürliche Weise nicht stirbt

Deier
Dirne (verächtlich; wörtl.: Tier)

Dickbalg, Dickbuuk
Schmerbauch

Dickkopp
Dickkopf, Trotzkopf
Lutterske Dickköppe

Dicksack
dickes Kind

domenöiern
schimpfen, krakeelen (eigentl.: dominieren)

Döppkesdriewer
jemand, der durch raffiniertes Handeln ohne Arbeit seinen Erwerb sucht

Draguner
resolute, sich grob durchsetzende Frau (wörtl.: Dragoner)

draoh
zäh, zögernd, schwerfällig
Sou lanksam un draoh as de is kinne aolle Schuffkaor

Draohttrecker
langweiliger Mensch (wörtl.: Drahtzieher)
en aollen Draohttrecker

draoselig
zurückhaltend, langsam

Drecksack
Schmutzfink; schmutziger, unordentlicher Mensch
Schiam di doch, du Drecksack

Dreckswief
Schlampe

27

Driefnack

störrischer Mensch, eigensinniger Mensch (wörtl.: aufgetriebener Nacken)

Drielaiper

Junge von etwa 12 bis 14 Jahren (eigentl.: ein fast ausgewachsener Hase vom ersten Wurf des Jahres)

Drüemmeldier, Drüemmelkunte, Drüemmelpeiter, Drüemmelstiätt

säumiger Arbeiter; langsamer, trödeliger Mensch, der mit seiner Arbeit nicht von der Stelle kommt (Drömm, hd. Trumm = in der Weberei die Endfäden, die man nur oberflächlich zusammendrehte = drömmeln. Dazu bedurfte es keiner sonderlichen Geschicklichkeit)

Drunk

Trunk
Is de Drunk im Manne, is de Verstand inne Kanne

Dueddeldier
unachtsamer, verträumter, vergeßlicher, gedankenloser Mensch

dueddelig
vergeßlich, ungenau

Dullbrake, Dullkopp
Wüterich (wörtl.: tollgewordener Ast, Tollkopf)

dumm
He is te dumm taum Drieten (Scheißen)
Du bis en dummen Klaos
Diu bis dumm un frietst gärn un schiß'n gräöten Häop (die völlige Wertlosig-
keit eines Menschen auf eine kurze und drastische Formel gebracht)
Du büs te dumm tom Friätten (über alle Maßen dumm)

Dummbaort, Dummerjan, Dummert, Dummkopp, Dummsnute
Dummbart, Dummerjan, Dummrian, Dummkopf, Dummschnauze

düördriebbenen Kärl
Schwerenöter (wörtl.: durchtriebener Kerl)

Dusselkopp
Dummkopf

Düwel
Teufel
Dä es den Düwel ut de Kiepe (ut'n Ternöster) gesprungen (teuflisch schlech-
ter Mensch)
Hä hät den Düwel im Nacken
Manns Moer is de Frau iähr Düwel
Et Oller gäiht vör, sagg de Düwel, do schmäite hä siene Beßmouder de
Treppe runner
Wat olt es, dat ritt, sagg de Düwel, do räit he siene Beßmouder et Ohr af
Lange Nase, spitzet Kinn, do sitt de Düwel midden drin.
De is dän Düwel von de Kar gestort (grober, tückischer Mensch)
Dat es en dummen Düwel (töricht, läßt sich leicht anführen)
De Düwel sall di halen, so schön du büs
Een Mensk is den annern sien Düwel

Düwelskärl, Düwelsstrick
tückischer Mensch

Düwelswief
Teufelin

E

Eegenpratk
Sonderling, Eigenbrötler, eigensinniger Mensch

Eenspänner
Hagestolz, eingefleischter Junggeselle (wörtl.: Einspänner)

F

Fiägebättken
Klatschbase (wörtl.: fegende Elisabeth)

Fiägefüer
unleidliche Frau (wörtl.: Fegefeuer)

Fickel
unsauberer Mensch, Schmierfink, schlampiges Mädchen (wörtl.: Ferkel, Schwein)
Wat bis du doch för'n aollen Fickel

Fickfacker
Windbeutel, unzuverlässiger Mensch

Fickfäckerie
unnützer Tand, unnützes Tändeln

Fieslänner
hinterlistiger Mensch (wörtl.: Fiesländer)

Fillaos
Schindaas (wörtl.: Aas, dem das Fell abzuziehen ist)
Der Bauer leidet nicht, daß jemand ein Stück Vieh so schilt. Er meint, dann käme es bald zum Abdecker. Daher verfluchendes Schimpfwort für Menschen

filuhig
durchtrieben (franz.: filou = Dieb, Spitzbube)

finessig
stichelig, tückisch, hinterlistig (franz.: finesse = Feinheit, Schärfe)

finnig
höhnisch, schadenfroh, verschlagen
Dat es en finnigen Kärl

Fissematenten
sinnloses, albernes Getue, Ausflüchte, Umstände, Finten, Schikanen (eigentl.: franz. Visitez ma tente! Unter diesem Vorwand suchten französische Soldaten in der napoleonischen Besatzungszeit deutsche Mädchen in ihre Zelte zu locken)

Fissematentenmaker
jemand, der Unwichtiges tut, wo Wichtiges zu tun wäre

Flappsnute
herabhängendes Maul, Maulaffe, entsprechend häßlicher oder auch mißgestimmter Mensch

Fliemerkunte
Schmeichler, Schmeichlerin, Schmeichelkatze (wörtl.: Schmeichelhintern, -fotze)

Fliernflittk
jemand, der alles mögliche anfängt, aber nicht zu Ende führt

Flinte
Flinte, Gewehr (übertr.: verächtlich für Penis)
Hai har noch'n ollen Schüett in de Flinte (wenn ein alter Vater noch einen Nachkömmling zeugt)

Flitzenfänger
erfolgloser Mensch (wörtl.: jemand, der nur Flitter fängt)
Dat is di en richtigen Flitzenfänger

Fölefuett
Schwätzer(in)

fluckstern
flattern, herumtreiben (besonders von jungen Mädchen)
Man kann ähr en ganzen Sack vull Flöihe heien as äine flucksterigge Deerne

Fluddersk, Flueckster
leichtsinniges Mädchen, Herumtreiberin (wörtl.: Flatterhafte)

Fluerdrian
Lump

Frau
Frauenraot un Reiwensaot gerätt alle siebben Jaohr
Reine maut et sien, sagg de Frau, do kähren se met'm Bässem dän Koffidisch af
Frauenstiärwen brengt kein Verdiärwen, owwer Piärre- un Süegeverrecken,
dat es en Schrecken (Wenn auf dem Bauernhof die Frau starb, trat bald eine
andere an ihre Stelle, die meist auch noch Geld mitbrachte. Das Sterben von
Pferden und Schweinen dagegen brachte nur Verlust)
An aolle Hüser un aolle Wiewer is alltied wat to flicken

Fraulü
Frauen, Frauleute (leicht verächtlich)
Fraulü un Müse sind de Undiers in de Hüse

Fraumensk
Frau (verächtlich)

Frettsack, Friätter, Friättsack
Fresser, Vielfraß
Friätter, he kann den Hals nich vullkriegen

Früemeke
scheinheiliger Frommer
Früemeke har ne Kauh stuollen un dat Strick wuierbracht

Füermüser
rotwangiger Mensch, kräftiges rotwangiges Mädchen (wörtl.: Feuermauser,
Feuerstehler)

Fuett
Dirne (wörtl.: Hintern)
aber auch:
Hä hät keinen Kopp un keine Fuett (er weiß nicht, was er will)
Du kanns mi in'e Fuett lecken, un dä is mi noch te schad för di
Hä hät Pieck an de Fuett (Pech am Hintern, bleibt bei Besuchen zu lange sitzen)
He hät ne Hummel in de Fuett (kann nicht ruhig sitzen)

Fuetze
schlechtes Mädchen, liederliche Frau (wörtl.: Fotze)

Füörsterkunte
jemand, der leicht friert; Schwächling (wörtl.: Frosthintern, frierender Hintern)

Fuorts
Furz, ein Nichts
Hai mäket iut'm Fuorts en Düennerschlag (macht aus der Mücke einen Elefanten, übertreibt maßlos)

Fuulheit
Faulheit
He stinket vör Fuulheit
He is so fuul äs he lank is
Müggen goht gärne an fiul, stinkig Fläisch, owwer an diän goht dei nit maol

Fuulwams
Faulenzer, Faulpelz (wörtl.: Faulwams)

G

Gäbbel
schwatzender Mund
Haoll dienen Gäbbel

Gaffeltange
zanksüchtige Frau, Klatschbase, bissige Frau (eigentl.: Ohrwurm, Ohrzange)

Gaitlink
Amsel
Dat es en unrechten Gaitlink (Er ist nicht so, wie er sich gibt)

Galgenstrick, Galgenvuegel
Strauchdieb, Übeltäter, schlechter Mensch
Dat is en Galgenvuegel

Gäppe
Mundwerk, Maulwerk
He hät düftig wat an de Gäppe (zungenfertig, geschwätzig)

Gatt
Loch, Hinterteil (vgl.: engl: gate = Tor)
Sett di up't Gatt
Du kriggs wat up't Gatt
En sitten Gatt bedenkt sick wat
Blaos mi in't Gatt

Gaudeif
listiger Dieb; schneller, geschickter Dieb; gerissener Dieb, der sein Hand-
werk versteht (gau = schnell)

Gaus
Gans, dumme Weibsperson
Juffern üöwer vättig Jaohr un aolle Gaise sind slächt to verknuwen (beißen,
kauen)
aber auch:
He hät nich mähr im Kopp as de Gaus im Knei (ungewöhnlich dumm)

Geldmueker
Geizhals (Muke = Versteck für Obst, das Kinder im Heu oder Stroh verbergen)

Genebeck
Gähnschabel, Maulaffe

Giezkragen
Geizhals

Gluperie
Bosheit, List, Verschlagenheit (glupen = blinzeln)

glupkig, glupsk
lauernd

gnadderig
unzufrieden, bissig, ungnädig

Gnaosterpinn, Gnesepinn, Gnesetann
Geizhals

Gnuerpott
Griesgram, Nörgler, brummiger Mensch

Gosemelker
kleinlicher Mensch, Pedant (wörtl.: Gänsemelker)

Gössel
Gänschen, einfältiges Mädchen, dummes Gänschen
Du dumme Gössel

Graite
böses Weib (wörtl.: Grete)
Dat is ne rächte Graite

Gräsape, Grönsnawel
Grünschnabel; unerfahrener und vorlauter Mensch

grautmülig, grautsnutsk
großschnauzig, großsprecherisch

Grautmuul
Großmaul

Grienesnute
weinerlicher Mensch, weinerliche Frau

Griewwel
Dachs
Hä stinket as en Griewwel

groff
grob im Benehmen
Dat is en Fienen met gruowe Opschliäge (nach außen fein, in Wirklichkeit aber ein grober Geselle)

H

häbberächtig
rechthaberisch

Hackenbieter
langer Frauenrock; auch: heimtückischer Mensch

Häcksel
Sin Var es im Häcksel verdrunken (uneheliches Kind)

Hahn
He is en Hahn vör alle Dören (hat überall Liebschaften, Schürzenjäger)

Haienband
Schalk, Schelm

Haienkärl
Großmaul (wörtl.: Verkäufer von Hede = Abfall bei der Flachs- und Hanfverarbeitung)

Halfscheid
nicht ganz zurechnungsfähiger Mensch (wörtl.: Hälfte)

Hambummel
haltloser Mensch

Hampelmann
närrischer Aufschneider

Haor
Haar
An diäm is kein guett Haor (er taugt nichts)

Här von Häbbenicks
Habenichts

Haugmieger
Angeber, dünkelhafter Mensch (wörtl.: Hochpisser)

Hauhnerfuett, Hohnerfuett
Hühnerhintern (Schelte für Geschwätzigkeit)
Dat Miul gäng iähr äs ne Hauhnerfuett
De hät von ne Hauhnerfuett friätten (Schwätzer, geschwätzige Frau)

Häwwerächter
Rechthaber

Hengest-Kärl
Hurenhengst, Schürzenjäger

Hieckeltiewwe
Tratschweib, Klatschbase, Klatschweib; Frau, die die Leute durchhechelt (wörtl.: Hechelhündin)

Hilligenfreter
abergläubischer, bigotter Mensch (wörtl.: Heiligenfresser)

Himpamp, Himpämpken
Hansnarr

Hippe
Ziege
Hä kann met de Hippe ut de Dackrenne supen (übergroß)
Hä kann met de Hippe dör de Trallgen (Gitterstäbe) friätten (mager)
Se is ne niggelicke (neugierige) Hippe

Hippenköster
unbeständiger, sprunghafter Mensch, der vieles anfängt und nichts durchführt
(wörtl.: Ziegenküster)
Dat is en Hippenköster

Hitte
Ziege, ziegenhafte Frau
Et geiht mankst äs (manchmal wie) met den siebben Hittenböcken: eener ver-
lött sick up'n annern, un de Hitte bliff güste (trocken, gibt keine Milch)

Holschenkopp
Dummkopf (wörtl.: Holzschuhkopf)
Hä es en Holschenkopp (ungewöhnlich dumm)

Holtschlage
zweihändig geführter Holzhammer
Köppe hät git (habt ihr) as ne Holtschlage, owwer en Häiern drin as en Lüling
(Du hast einen Kopf wie ein schwerer, zweihändig geführter Holzhammer,
aber ein Gehirn darin wie ein Spatz)

Hor
Hure

Hucke
Kröte, Taugenichts
Du bis ne Hucke

Hülerie
Geplärr, Heulerei

Hunsfuetse
liederliche Frau (wörtl.: Hundsfotze)

Huornk
stachelige Frau (wörtl.: Hornisse)

iätterbiettsk
hinterlistig

Iesel
Esel
Diän hiät de Iesel galoppküettelt (im Galopp geschissen, bei unehelicher Geburt)
Dän hät de Iesel im Galopp verluoren
En ollen Iesel es nich guett danzen lähren
He sitt sou vull Nücke as de Iesel vull griese Hoore
Dai ies in Basel op de Ossenschaule wiest un hiät taum Iesel studoiert
Gaoh up'n Iesel sitten, dann kannste nich von't Piärd fallen (Mahnung zur Bescheidenheit)

Jaapspaohn
Gaffer (wörtl.: Gaffspan)

Janhagel
Gesindel

Jask
ausgelassenes junges Mädchen, Herumtreiberin, schwatzhafte Frau, böse Zunge

Jesemännken
kleines zurückgebliebenes Wesen; schwächlicher, zimperlicher Mensch; in der Entwicklung zurückgebliebenes Wesen; Schwächling

Jude, auch: unbesnittene, witte Jude
geschickter (auch: unreeller) Händler, gerissener Mensch
Dat is en (witten) Jude(n)

Juffernkind, Juffernpinn
Bastard (wörtl.: Jungfrauenkind)

Kabache
schlechtes, verkommenes Haus (franz.: cabane = Hütte, Stall usw.)

Kackstänner
Beine (verächtlich) (wörtl.: Kackständer)
Hai stallte seck op suine Kackstänner

Kalf
Kalb
Hä kickt as en niggegebuoren Kalf (dumm)
Et is de Koh licht vergiätten, dat se en Kalf west is
(Wenn jemand seine Herkunft oder Vergangenheit vergißt)

Kärl
Kerl
Doför, dat eck so'n Kärl wör, hong eck mi op
Doför, dat eck so'n Kärl wör, hädde eck leiwer, de Katte här mi ut de Weige
gefriätten
Dat es en Kärl as annere Lü iähre Beister (Rindvieh)
Dat es en Kärl as en Rhienlänner (leichtlebiger Mensch)
Dat es en Kärl as en Pund Wuorst (nichts wert)
Dat es en guedden Kärl, wann he schlöppet
Et is en guedden Kärl, blouß de Lüde de wiett't et nich alle, un de et wiett't,
de seiht et nich in (niemand traut ihm)
Goh mi wäg met sou 'nem Kärl (ich will nichts mit ihm zu tun haben)
Dat is dem schlächten Kärl sien Broer

Kastenkärl
Hausierer

Kauhhacke
tölpelige Frau (wörtl.: Kuhhacke)
Dat es ne Kauhhacke

Kauhschitt, Kohklack
Kuhscheiße
Wo de Leiwe henfällt, un wann't op'n Kauhschitt es
Mankst fäöllt de Leiwe up'n Rausenblättken un mankst up'n Kohklack

Kauhstiätt
Kuhschwanz
Hä is so ährlick as en Kauhstiätt (in Wirklichkeit wankend und schwankend)

kennen
Wä ne kennt, de köff ne nich (keiner will mit ihm etwas zu tun haben)

Kiärkenfenstergesicht
überlanges, schmales Gesicht

Kiärmes
Kirmes
En Miäken, dat op alle Kiärmessen danzt, do es nich viell ächter

Kiek-in-de-Welt
Gelbschnabel

Kinneräs
Kindergesäß
Aprildage un Kinneräse is nich te truen

Kittschieter
Anstreicher (verächtlich, wörtl.: Kittscheißer)

klabastern
unbeholfen und laut gehen oder laufen

Klaffkunte
bösartige Klatschtante (wörtl.: klaffender Hintern)

Kläggekatte
Kind, das gern herumklettert (wörtl.: Kletterkatze)

Klappei
klatschsüchtige Frau

Klättker
Maurer (verächtlich)

Klinkefister
Neuigkeitskrämer; Mensch, der alles besser wissen will

Klodderhacke
trödeliger, langsamer Mensch

Klüngel
Lumpen, schlechte Kleidung, minderwertiges Zeug

Klüngelpaiter
jemand, der mit seiner Arbeit nicht vom Fleck kommt (wörtl.: Klüngelpeter)

Kloppe
bigottes Weibsbild, lieblose Betschwester
Dat is ne aolle Kloppe
Dat beste Piärd in de Midde, sagg de Düwel, dao reet he tüsken twee Kloppen
Ne Kloppe is ne Hillige in de Kiärk, ne → Klappei up de Straot, en → Düwel in Hus
Wo ne Kloppe in Hus is, dor sitt de Düwel op'n Schuottsteen

Knaupmaker
kleinlicher Geizkragen (wörtl.: Knopfmacher)

Knickebeen
jemand, der mit geknickten Beinen geht; X-Beine

Knickstiewwel, Knieper, Kniepstiätt
Geizkragen, Geizhals (wörtl.: Knickstiefel, Kneifer, Kneifschwanz)

Kniepp
Kniff, Tücke
Hä sitt sou vull Knieppe äs de Rüe (Rüde, Hund) vull Flöihe

Knieptange
zänkische Frau (wörtl.: Kneifzange)
aber auch:
Hä maut sick de Bückse met de Knieptange taumaken (übermäßig dick)

Knietterkopp
Tollkopf, jähzorniger Mensch (wörtl.: Knister-, Knallkopf)

Kniewwelkopp
derber Kerl (wörtl.: Knebelkopf, Kniewwel = hölzerner Riegel, Knebel)

Knuocken
Knochen
Ek schmiete met diene Knuocken no de Äppel van de Böime (ich werde dich
lange überleben)

Knuockengestell
Gerippe, dürrer Mensch

Knüetterkopp, Knüetterpott
Quengler, Nörgler, Griesgram

Kollebiuer
Samenerguß (wörtl.: kalter Bauer)

Kollerbast
lärmender, polternder Kerl

Kopp
Kopf
Hä kann't nich in den Kopp kriegen (dumm)
Wann di de Kopp nich angewassen wör, vergätts du den auk noch (außeror-
dentlich vergeßlich)

köppsk
eigensinnig, halsstarrig, dickköpfig

Korinthenkacker
geiziger, überpenibler Mensch

Kostgänger
wunderliche Leute
Uese Härguott hät viell Kostgängers

Kraomerlatien
Lallen der Kinder; Kauderwelsch (wörtl.: Krämerlatein)

Kribbelkopp
reizbarer Mensch

Krodde, Krott, Kröttken
kleines Kind

Krottsack
kleiner, im Wachstum zurückgebliebener Mensch

Krüeckeler
ständig kränkelnder, wehleidiger Mensch

Kummelgen-
maker

Kuckuck
 Hal di de Kuckuck (Fluch)
 (Kuckuck = verhüllender Name für Teufel)

Küerdaise
 Klatschbase (wörtl.: Rede-, Klatschdose)

Küerklaos
 Schwätzer

Küerkunte
 Schwätzer(in) (wörtl.: Schwatzhintern, -fotze)
 → Kunte

Külter
 Bett, Schlafkasten (verächtlich)

Kummelgenmaker
 Spaßmacher, Allotriatreiber (wörtl.: Komödienmacher)

Kumpelmentenmaker
jemand mit übertriebenen Umgangsformen (wörtl.: Komplimentemacher)

Kunte
Hintern, Gesäß; Fotze (lat: cunnus)
Dai ies no nich mol Här üöwer suine oigene Kunte, dai schitt, wannähr dat
se will (von einem, der mit seinem Können prahlt)
Diu kanns mi täörndeip (turmtief) in de Kunte lecken (tiefste Verachtung)
Diän hiät se sick met de Kunte verdennt (aufgrund einer Schwangerschaft
zum Heiraten gebracht)
He hät de Kunte vull (betrunken)
→ Küerkunte

L

Labbeck
Taugenichts, läppischer Mensch, Gelbschnabel, junger Laffe

Lachsnute
jemand, der gern und viel lacht (wörtl.: Lachmaul)

Lacks
fauler Mensch

ladderig
nachlässig, schlampig

Ladderk
verkommener Mensch

Lällebeck
fader, schwatzhafter junger Mensch

Landlaiper
Vagabund

Langnatt
wässeriges, fettarmes, fades Essen

Latienfriätter
höherer Schüler (z.B. aus der Sicht der Volksschüler; wörtl.: Lateinfresser)

Latte
Penis (wörtl.: Latte)

Leckertann, Lecktann
Leckermaul, naschhafter Mensch, Schlemmer
Bimm bamm beier, Köster magg kinn Eier. Wat magg he dann? Speck in de Pann! O, wat is't en Leckertann!

Leerbeck
Gelbschnabel, junger Laffe

Leifhäwwer
Mann mit vielen Liebschaften (wörtl.: Liebhaber)

Leigenbühl, Lüegenbühl
Lügner

leig
böse, schlecht, schlimm
He is'n leigen Jungen (Kärl)

Lichtfinke, Lichtflitk
Leichtfuß, leichtsinniger Mensch

Liedderjacks
Liederjan, Luderjan, liederlicher Mensch (wörtl.: liederlicher Jakob)

Liedderwams
Tunichtgut, liederlicher Mensch

Liegstrieper
Müßiggänger, Faulenzer (wörtl.: Leerstreifer)

Lierendreiher
geschäftiger Müßiggänger (eigentl.: Leiermann, Drehorgelspieler)

Lodderjan, Lodderwams
Bummler, Lotterbube, verkommener Mensch (loddern = bummeln, etwas lässig tun)

Lollekater
Weiner, Heuler

Loßdriewer
Herumtreiber, Vagabund

Luedderhans
Lotterbube, Vagabund

Lüegenbühl
Lügner (wörtl.: Lügenbeutel)

Luerbaß
jemand, der im stillen auf seinen Vorteil sinnt, heimtückisch ist

luerbiettsk
heimtückisch (wörtl.: lauerbissig)

Lüllpeter
sabberndes Kind

Lump, Lumpsack
Übeltäter
Jungen Pumpsack, aollen Lumpsack (Wer in der Jugend über die Verhältnisse lebt, muß im Alter darben)

Lunenfechter
jemand, der Launen zu seinem Vorteil benutzt (wörtl.: Launenfechter)

Lunenköster
launenhafter Mensch (wörtl.: Launenköster)

Lünssenkieker
jemand, der eine (landwirtschaftliche) Arbeit übergenau kontrolliert (wörtl.: Achsnagelgucker, Lünsse = Achsnagel)

Lurks
Schieler

Luseficks
schlechter Mensch (allgemein abfällig)

Lusepättken
scharfer Scheitel (wörtl.: Läusepfad)

Lusepüngel
Lausejunge; unreinlicher Junge

Lusepurk
lausiger Junge

Machochel
altes, dickes Weib

Mäöerwerk
weibliche Genitalien; Menstruation

Mäse
Hintern, Arsch, Gesäß, Hinterteil (eigentl.: im Äse)
Dai konn de Maone ohne Ledder im Äse lecken (so groß war er)
Sett di up de Mäse, dann krupt di d'r kinne Müse in
Nao'n Bedde met de Mäse, dat Braut is up
Häs't Weigenstrauh no an de Mäse hangen
He hät den Kopp vull Inbellunk un de Mäse vull Schullen
Dao kann'k mi de Mäse nich üm kapottkleien
De Kärl is jä nich wärt, dat man em met de Mäse ankick
De Lü in de Mäse krupen
De Mäse nao den Wind dreihen
We Malöhr häbben will, de terbäck den Dummen in de Mäse
Leck mi in de Mäse
Söß di söwst in de Mäse bieten, wann derbi könns
Ick hau di sogliek in de Snut, dat de Tiänne in de Mäse wiersöken kanns

Matsfuetse
verächtliche Dirne

Mauenfrieerie
aussichtslose Freierei (wörtl.: Freierei in Hemdsärmeln)

Menske
Mensch
Diu bis doch säo klauk äs'n Menske
De leiwe Här mok de Menschen an äinem Dage, se sind owwer ouk donoh
gerorn

Menskenfiller
Menschenquäler
Dokters sind Menskenfillers
Vüegel in Kinnerhänn un aolle Lü in Doktershänn sind liewwert (geliefert)

Metiätter
Mitesser
Se hät en Metiätter (übertr.: sie ist schwanger)

Miähr
Mähre, Frau (abfällig)
Se hät en Koller as ne olle Miähr (mannstoll)

miegen
pissen, pinkeln
Et wör biätter, din Var här di in de Nietteln (Nesseln) gemieggen
Dä es kein Kaßmännken (Kassenmännchen = alte, kleine Münze) wärt, dä
es nich mol wärt, dat em de Rüer (Rüde, Hund) anmiegt

Miesmoer
weibliches Geschlechsteil, Vagina (wörtl.: miese Mutter oder Katzenmutter?)

Mistfinke
unreinliche Frau, schmutziger Mensch

Moer
Mutter, hier als: Schwiegermutter
Manns Moer is Frauen Düwel, un Frauen Moer is Manns Satan

Müffkesdreiher
Bäcker (wörtl.: Brötchendreher; Muffert = Semmel [Rotwelsch])

Muichmetse
schlechtes Mädchen (wörtl.: Pißmetze)

Müse
Mäuse
Melk de Müse (Aufforderung an jemand, der mit seiner Zeit nichts anzufan-
gen weiß, sich langweilt)
Wenn man den up de Kellertreppe ställ, laipen alle Müse un Ratten wäg

49

Muulape

Maulaffe (nicht der Affe ist ursprünglich gemeint, sondern das offene Maul, das dümmliche Anstarren, das verständnislose Gaffen)

Segg to ne Muulape, se wör schön, se glöff di't

müülsk

mürrisch (wörtl.: maulig)

N

Nachtuhle

Nachteule

jemand, der bis in die Nächte hinein auf ist, nicht ins Bett findet oder bis tief in die Nacht im Wirtshaus sitzt

Nieggenklook

Klugsprecher, Neunmalkluger

Nietterkopp

Hitzkopf (wörtl.: Eiterkopf)

Niggeschitt

Neugieriger (wörtl.: Neuscheißer)

O

Osse

Ochse

De hät en Kopp äs en Ossen (d.h.: einen Dickkopf)

Dai ies in Basel op de Ossenschaule wiest un hiät taum Iesel studoiert

Kopparbeit gripp an, sagg de Osse, dao trock he dat erste Maol den Ploog

Ossenkopp

Dummkopf (wörtl.: Ochsenkopf)

P

Pack

Gesindel

Packsbänne

Paketbänder

Hai (sai) hiät'm Müeller de Packsbänne afstuollen (sagt man z.B., wenn einem Kind der zähe Schleim aus der Nase läuft)

Packvolk
Gesindel

Pajaß, Pajatz
Hanswurst, Narr (vgl. Bajazzo)

Pamwiemmel
zappeliges Kind (eigentl.: schwarzer Laufkäfer, Roß- oder Mistkäfer)
Diu verdammten Pamwiemmel

Pannen
Pfannen
Hä hät de verkahrten Pannen op'm Dack (rothaarig)

Pannkröter
Tagedieb, Besserwisser (vor allem von Beamten) mit Anlehnung an Schwerenöter (eigentl.: Zusammensetzung aus Pankratius und Prokurator)

Pape
Pfaffe
Guotts Barmhiättigkeit, Papen Begiährlichkeit un Buern Rieckligkeit duert in alle Ewigkeit
Dat Beste in de Midde, sagg de Düwel, dao reet he tüsken twee Papen

papieren Dagelöihner
Schreiberling
Dat es en papieren Dagelöihner

Pappstoffel
Tölpel, der in Gesellschaft nichts zu sagen weiß und meistens schweigt, weil er nicht mitreden kann

paselacken
durch den Schmutz laufen, stolpern

Patroiner
Patron (abfällig gemeint)
En liedderlicken Patroiner

Penül
Penis

Petrett
eitle, aufgedonnerte Frau (eigentl.: Poträt)

Piddewitt
Penis

Pieckfister, Pieckhengst
  Schuster (wörtl.: Pechhengst)

Piemmel
  Penis

Petrett

Pillendreiher
  Apotheker (spöttisch)

Pinn
  dünner steifer Stock; trockener, lederner, einsilbiger Mensch, Penis
  Hä is en dröigen Pinn (langweilig, ohne Schwung)
  Hä hät en Pinn (Nagel) im Kopp (eingebildet, hochnäsig)

Pippel
Penis

Pippmeseken
schwächliches, zartes Geschöpf (wörtl.: noch piepende? kleine Meise)
→ Tittmeseken

Pissekieker
Arzt; Apotheker (spöttisch)

pissen
pinkeln
Bruks du denn nich pissen? (Frage, mit der Langschläfer geweckt werden)
Alle Bibatt batt't, sagg de Mügg, dao pißte se in'n Rhien (Jede kleine Gabe
hilft...)

Pottkieker
Neugieriger, indiskreter Mensch

Pottlecker
naschhafter Mensch

Pottschräpper
Geizhals, gieriger Mensch, Mensch, der nicht genug bekommen kann
(wörtl.: Topfkratzer)

Pracher
Bettler

Praohlbückse
prahlerischer Mensch (wörtl.: Prahlhose)
Dat es ne olle Praohlbückse

Präöhler
Prahlhans, großtuerischer Mensch

Pruckelbuil
im körperlichen Wachstum Zurückgebliebener (wörtl.: Stocherbeutel)

Prum
weibliches Geschlechtsteil (wörtl.: Pflaume)

Prumenküötter
Besitzer oder Pächter eines kleinen ländlichen Anwesens, eines Kottens
(wörtl.: Pflaumenkötter)

Pucher
Prahler, großtuerischer Mensch
Vör Puchers Düör is nicks vüör

Pückelken
Buckliger, Verwachsener, auch für Frauen gebräuchlich (wörtl.: Puckelchen)

Pummerl
dickes Kind, Pummel (eigentl.: etwas Rundliches, auch alter Kuhname)

Pund Wuorst
Mensch, der kein Rückgrat hat (wörtl.: Pfund Wurst)

pupen
furzen
Slopen, iätten, supen, täömiggaohn un pupen (die Lebensregel für den Faulenzer, den faulen Genießer)
eenen gaohn laoten

Puper
Hintern
Diän Kopp holl käul, de Faite warm, un holl diän Puper uoppen un lo diän
Dokter lääpen

Putz
Polizist (spöttisch)

Q
_____

Quamelhans, Quamelstiätt
Unsinnschwätzer

Quängel, Quängelkunte, Quängelpeter, Quängelpott
Quängler(in), weinerlicher Mensch; weinerlicher Nörgler; Person, die
immer klagt und nörgelt; verzogener, verwöhnter, weichlicher Mensch;
jemand, der wählerisch und zimperlich beim Essen ist
Du bis en aollen Quängel

Quängelstine, Quängeltrine
ständig klagender, wehleidiger; auch nörgelnder, unzufriedener Mensch (vor
allem Frau)

Quaogelerie
umständliches, inhaltsloses Erzählen

Quaterbücks, Quaterbühl, Quaterdaise, Quaterfuett, Quaterkopp, Quaterkunte, Quatermäse, Quatermichel
Schwätzer, Klatschbase, Geschwätziger; Angeber, Klatscher, Plapperer, Plaudertasche, alberner Schwätzer; Person, die zuviel und hohl redet

Quättkerie
unnütze, wertlose Sache; nutzloses Tun, Tändeln
Wat is mi dat för ne Quättkerie

Quengel
→ Quängel

quengelig
weinerlich, empfindlich

Quickelpinn
Schwätzer

quietterig
überempfindlich

Quinten
Dummheiten, dumme Streiche (eigentl.: die Saiten eines Instrumentes)

Quintensliäger
jemand, der Dummheiten macht; Eulenspiegel, Flausenmacher

Rabauenkopp
Nassauer

Racker
unruhiger Bengel (eigentl.: Schinder, Abdecker)

raffsk
habgierig, raffgierig

Raimen
Penis (wörtl.: Riemen)

ramentern
laut schimpfen, aus Wut geräuschvoll arbeiten

rammschuocken
wüst springen, Beine unruhig bewegen (Schuocken = verächtlich für Beine)

Rammspauk
im Schlafe unruhiger Mensch (wörtl.: Rammspuk)

rängstern
mit Gefäßen Radau machen, unruhig sitzen

Rappelkasten
nervöser Mensch

Reister
sich im Äußeren vernachlässigende Frau, Schlampe
en aolt Reister

Rieckel
grober Mensch, brutaler, ungezogener Kerl (eigentl.: Rüde)

Rosinen
Hä hät graute Rosinen im Kopp (er ist überspannt)

Rubbsack
Flegel

Rüe
Hund, Rüde
Dän soll me doutslohn as en dullen Rüer (sagt man von einem besonders schlechten Menschen)
Van di nimp kein Rüe en Stück Braut (so schlecht und verächtlich bist du)

Rüenköster
Hundeküster (allgemein abfällig)

Ruggebraak, Ruggebrake
rauher Mensch, grober Mensch; im Äußeren rauher, polternder Mensch

Rüggen
Rücken
Dän seih'k leiwer op'n Rüggen as in't Gesicht

Ruggliähr, Ruggwiähr
Rauhbein; rauher, polternder Mensch; rauher, ungeschlachter Mensch

Ruhbast, Ruhlehr
Grobian, rauher Mensch; grober, roher Mensch; grober Klotz, ungehobelter Mensch

ruhbästig
grob im Benehmen

Rülps
schmutziger, kleiner Tölpel

S

Satanswief
Satansweib, Teufelin

Schabellenkopp
häßliches Gesicht (wörtl.: Maske)

Schaiper
Schäfer
en aollen Schaiper (unhöflicher Mensch)

Schaleier
übler, hinterhältiger Charakter

schaluh
mißtrauisch, neidisch, hinterhältig

Schandplaoster
keifendes Weibsbild, abscheuliches Weib, Schandmaul (wörtl.: Schandpflaster)
se es'n Schandplaoster

schandudeln
Lärm machen, Skandal machen, ausschimpfen

schasken
saufen (des Trinkers)

Schiällkieker
Schielende(r)

schietterig
beschissen
Ne schietterige Kauh schlieckert üm sick (ein unsauberer Mensch beschmutzt
auch seine Umgebung)

Schindaos, Schinnaos
übler, nichtswürdiger Mensch (wörtl.: Schindaas)

Schinntiewwe
nichtswürdiges Weib (wörtl.: Schindhündin) (grobes Schimpfwort)

Schitt
wörtl. Scheiß
En Kärl äs en Schitt

schlecht
schlecht
Wai schlecht denket, dai schlecht dait
Dat es en schlechten Baum, de op dän ersten Schlag fällt (zu nachgiebig)

schmiärig
schmierig, schmutzig
Se is sou schmiärig, dat se an de Wand hangen blitt, wenn me se dran schmitt

Schnodder
vorlauter Mensch (wörtl.: Rotzer)

Schnottenpatt, Schnottkawel
jemand, der mit unsauberer Nase herumläuft (wörtl.: Rotzweg, Rotzkäfer)

S(ch)nottlieppel
Rotzlöffel, Grünschnabel, alberner Mensch (allgemein abfällig)

schrappig
geizig, gewinnsüchtig

Schrienäs
der Knickerige, Geizende (wörtl.: der mit geschrinntem, d.h. geborstenem,
wundem Hintern)

Schruwe
Schraube, Weib
aolle Schruwe = altes, bissiges Weib

Schubbejack, Schubbijack
Schuft, Lump, Flegel, Schurke

schuiten
scheißen
Wat kannste dann? En düchtigen Häop (Haufen) ächter de Holsken dreggen
un en gräoten Häöp schuiten, dat kannste, häopsterwiese (zu einem Prahler)
Dat lutt grare (genauso), as wenn ne Kauh in'n luigen (leeren) Emmer schitt
(wenn jemand mißtönig singt)

Schulte Schmoltappel
besonders fetter Bauer (Schmoltappel = wörtl.: in Schmalz gekochter oder
gebratener Apfel; gab es früher bei Hausschlachtungen)

seepaigen
weinen, flennen (hat Seep = Seife in den Augen, so daß sie tränen)

Seitemiälkskind
verwöhntes Kind (wörtl.: Süßmilchkind)
Dat is en Seitemiälkskind

Siegge
eingebildete Frau (wörtl.: Ziege)
Wat is dat för ne aolle Siegge

Sieggensteert
unruhiger Mensch (wörtl.: Ziegenschwanz)

Sippeltrine
empfindliches, wehleidiges Mädchen; zimperliche Frau

Slackedalges, Slackedarius
Schlacks, lässiger Mensch; großer, hochaufgewachsener Junge (wörtl.:
Schlackerer)

Slams
Taugenichts, hochaufgewachsener Junge
Du aollen Slams von'n Jungen, du döggs in dien beste Fell nich

Slaopmüske
Schlafmütze; ein Mensch, der nicht aus sich herausgeht

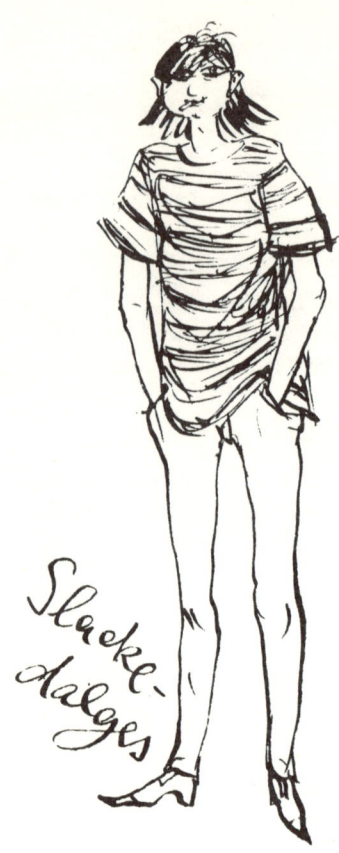

Slaeke-dalges

Sleif
    Tunichtgut, Schlingel (wörtl.: Schöpflöffel)
    Du bis en aollen Sleif von'n Jungen

Slickertann
    Leckermaul (wörtl.: Schleckerzahn)
    Bimm bamm beier, Köster magg kinne Eier. Wat magg he dann? Speck in
    de Pann! O, wat is't en Slickertann! (Beierreim)

Sliekenfänger
    Schalk, Leisetreter (wörtl.: Schlangenfänger)

Sliepphacke
    nachlässige Person (wörtl.: Schleifhacke)

Slieppkunte, Slieppsack
träge, säumige, nachlässige Person (wörtl.: schleifender Hintern bzw. Sack)

Sloddermichel
schlampiger Mensch (wörtl. Schludermichel)

Slömer
Verschwender, nachlässiger Mensch, Schlemmer

Sluffen
Pantoffelheld, haltloser Mensch (wörtl.: Pantoffel)

Slüngel
Schlingel

Slüör
Schlampe

Slüörhammel, Slüörhans
jemand, der sein Äußeres vernachlässigt; jemand, der schludert

Smachtlappen
Hungerleider
Schmand am Kragen, Schmacht im Magen (Spott über Unteroffiziere und uniformierte Beamte)

Smeerfink, Smeerlappen, Smiärlapp
Schmierfink
unreinlicher, schmieriger Mensch; unordentlicher Mensch

snäbbeln
schwätzen

Snakerie
Geschwätz, Streich, Ulk

Sniederbuck
Schneider (Parallele zwischen Schneider und Ziegenbock)
Dat döht de Verwandtschopp, sagg de Snieder, dao küßte he de Siegge dör den Tuun

Snuckeler
Leckermaul

Snüffel von'n Jungen
ungezogener, unreifer Junge

Snurrant
Schnurrer, Bettler

Spalkerie
unangebrachte Spielerei, Tändelei

Spargitzenmaker
Possenreißer

Speckmüenek
fetter Mönch, feister Mensch

Spinnewipp
dünner, beweglicher Mensch, kaum eine Handvoll (Spinngewebe)

Spring-up-de-Kist
leichtfertiger Mensch

Staken
Stecken, Stock
Hä hät en Staken gesluoken (steif, unbeweglich)

stakenunwies
völlig verrückt

Stankettenflicker
allgemeine Schelte

Staoh-in'n-Wäg
jemand, der im Wege steht, hindert und stört; Nichtsnutz

steenpöttig
eigensinnig (wörtl.: wie ein steinerner Topf)
Nu si doch nich so steenpöttig

Stiälldeif
Dieb (wörtl.: Stehldieb)

Stickenknieper
geiziger Mensch, Kleinigkeitskrämer (wörtl.: Streichholzkneifer)

Stiefleer, Stiefliähr, Stiefnacken
steifglederner Mensch; steifer Mensch, und zwar sowohl in seinen körperlichen Bewegungen steif und unbeholfen, linkisch, als auch nicht besonders geistig rege; ein abstoßender, unliebenswürdiger, ungefälliger Mensch
Du bis en richtig Stiefliähr

Stillkesdriewer
Scheinfrommer (wörtl.: der es im Stillen treibt)

Stinkfister
jemand, der einen üblen Geruch verbreitet

Stohl
unbeholfener Mensch (wörtl.: Stuhl)
He is en aollen Stohl

Straotendriete
Straßendreck
De is so gemein äs Straotendriete

Strick
Schlingel
Dat es en olt Strick (immer zu losen Streichen aufgelegt)

Strouhkärl
Strohkerl; Mensch, der nicht den Mut hat, seine Überzeugung offen zu vertreten (ohne Rückgrat)
Sou as me en Strouhkärl dän Kopp dreiht, so blitt he stohn (über Männer, die sich widerstandslos jedem Willen beugen)

Strubbenickel
unreinliche, unordentliche Frau

Struntzel
Schlunze, schmutzige Weibsperson

Strunzmichel
Prahlhans

Stuetterbock, Stuetterbuck
Stotterer

Stüntzeler
eingebildeter Pinsel

Suege
Sau
Suege bi Suege (gleich und gleich gesellt sich gern = verächtlich)
De Suege blitt ne Suege un wann se noch so olt wärd
Ne Suege föhlt sick am besten in Öserigge (Dreck, Unrat)

Suegenickel
Schweinigel

Suegestiätt
Sauschwanz
Ek woll, dat di en Suegestiätt op de Backe wöß

Sünte Klaos
St. Nikolaus (gemeint als trockener Stutenkerl = figürliches Nikolausgebäck)
De is so drüge äs Sünte Klaos sien Äs
Dat is en Sünterklaos
En dummen Klaos

Süper, Suupkladden, Suupnickel, Suupsack, Suupstiätt
Säufer, Trinker, Trunkenbold

sweeten
schwitzen
He sweet't, dat he ganz natt unner de Tunge is (von vorgeblich anstrengender Arbeit)

Swengel
Penis (wörtl.: Schwengel)

Swien
Schwein
He is dick as'n Swien (betrunken)

Swienieggel
Zotenreißer, unreinlicher Mensch (wörtl.: Schweinigel)

täiknen
zeichnen
Dän hiät Guott getäiknet (Schelte für einen Rothaarigen oder Buckligen)
Wän Guott getäiknet hät, dä döcht nich (Rothaarige und Bucklige sollen einen schlechten Charakter haben)
Me maut sick vör de Menschen wahren, de Guott getäiknet hät

Tange
Zange, gefährliche Person
aber auch:
Dä maut me met de Tange anpacken (schmutzig)

Taohbast
zäher Mensch (wörtl.: zäher Bast)

Taoske
zähes Fleisch bzw. Person

Tappteite
Klatschbase

Tiännbriäcker
Zahnarzt (wörtl.: Zähnebrecher)

Tiännewieser
jemand, der beim Lachen oder auch sonst die Zähne in auffallender Weise zeigt

Tieppkentrecker
Quälgeist

Tiewwe
nichtsnutziges, gewöhnliches, grobes Weib; Herumtreiberin (wörtl.: Hündin)

Tittmeseken
zartes Geschöpf, ätherisches Wesen (vor allem Frau) (wörtl.: Zitzenmeislein; vermutl. in Analogie gebildet zu → Pippmeseken)

Tömiggänger
Müßiggänger (wörtl.: Säumiggänger)
Up'n Buernhoff müett't twee Tömiggängers sien: de Buer un de Kieddenrüe (Kettenhund)

Trampeldier
Trampeltier, Tölpel
Dat es usem Härguott sin Trampeldier

Traondott
jemand, der nicht aus sich herausgeht

Tuetteler
jemand, der undeutlich spricht; Schwätzer

Tünte
alte Jungfer, eitle und müßige Weibsperson

Twersbrake, Twersdriewer, Twerskopp, Twiärsbrake, Twiärsdriewer, Twiärskopp
Quertreiber, Querkopf, Zänker, Rechthaber

U

Üggel
Schmierfink, Scheusal; ungezogener, häßlicher Mensch
Sau swatt äs en Üggel

Uhlenkopp
Tagschläfer (wörtl.: Eulenkopf)

Uhlenküken
dummer Mensch, der wie ein Neugeborener tut (wörtl.: Eulenküken)

Ülk
Iltis
Hä stinket as en Ülk
He sügg (saugt) äs en Ülk (Ausnutzer, Parasit)

Unäbel
Taugenichts, unerzogener Junge, Flegel, unartiges Kind

Undier
Untier, Bestie, Monstrum, ungeschlachter Kerl

Undocht, Unducht
Taugenichts, Nichtsnutz, Tunichtgut, Bösewicht, Schlingel (wörtl.: Untauglicher)
En Unducht von Kärl
Dä sitt so vuller Undöchte äs de Buck vuller Küettel

Undüegende
Untugend
Undüegende Kinner gott te Wiärke as Rinner

Unmann
schlechter Kerl

Unnermüegsel
schwächliches Kind

unnüesel
töricht, unnütz, unklug

Unsel
unsauberer, elender Mensch

unwies
verrückt, nicht ganz richtig (wörtl.: unweise)

Uott
unbrauchbare Sache, unnütze Menschen, Nichtsnutze
Wat is dat en aollen Uott

upstellen
aufstellen
Met dem is nicks uptostellen (er ist zu nichts zu gebrauchen)

Üße
Kröte, Schimpfwort für junge Mädchen

Üterbuck
Ziegenbock
Hä stinket äs en Üterbuck

Utfuetsküken
beschränktes und häßliches Weibsbild

V

Veddermännken
Anrede bei Warnung oder Drohung (wörtl.: Vettermännchen)
Waochte män, Veddermännken, ick sall di wull

Verbriäcker
Verbrecher

verkatt
verkehrt
He hät et verkatte Gesangbauk (verächtlich für den Andersgläubigen)

Vlatsnickel
unangenehmer Kerl

W

Wasklappen
Waschlappen, Jämmerling

Weherpaohl, Wehrpaohl
unruhiger Mensch (wörtl.: sperriger Pfahl)

Wiährfahne
haltloser, wendischer, wankelmütiger Mensch (wörtl.: Wetterfahne)

Wick(e)wief
Wahrsagerin (wicken = voraussagen, wahrsagen)

Wief
Weib (verächtlich)
Wo de Düwel söwst nich kuemmen kann, dor schickt he en aolt Wief hen
Wann twäi Wiewer binäinkuemmt, treckt se de drüdde dör de Hieckel (Hechel)
Wat de Düwel nich wäit, dat wäit en aolt Wief
Wiewerlist gäiht üöwer Düwelslist
För Geld is alls to kriegen, sagg de Kärl, do kräig he Schliäge van sienem rieken Wief

Wiesen
Besserwisser, Klugscheißer
en dreimaol Wiesen
Dat is en ganzen Wiesen (er weiß alles besser)

Wiessnute
Naseweis

Wilddeif
Wilddieb, Wilderer
He hät en Gesicht äs en Wilddeif (so verschlagen)

Wippstiätt
unruhiger Mensch, lebhaftes Kind (wörtl.: wippender Schwanz)

Wipse
unruhiges Mädchen, Herumtreiberin (wörtl.: Wespe)

Wööstbrake
wüster, grober Mensch; Draufgänger (wörtl.: wüster Ast)

Wuoddelbuil
körperlich im Wachstum Zurückgebliebener (wörtl.: Wurzelbeutel)

Wegweiser

Albernheit, Ausgelassenheit, Spaß, Ulk

Alfanzerigge
Alwerjan
Ape usw.
apig
äsverkatt
Bisterbalg
Danzmester
Fissematentenmaker

Haienband
Hippenköster
Kummelgenmaker
Lachsnute
Leerbeck
Pajaß usw.
Quinten
Quintensliäger

S(ch)nottlieppel
Slackedalges usw.
Snakerie
Spalkerie
Spargitzenmaker
Spring-up-de-Kist
Strick

Allgemein abfällig

Aos
Aostüüg
Appeltiewwe
Är
Ärsficker
Ärsgatt
Ärskärl
Ärsnickel
Ärspuppe
ärswuorsten
Äs
Äskiev
äsverkatt
Beist
Biettiewwe
Biwief
Bräoer
Briäckmiddel
daun
dautslaohn
Deier
Düwel
Düwelswief
Fillaos
Fliernflittk
Fluerdrian

Frau
Fraulü
Fraumensk
Gaitlink
Galgenstrick usw.
Genebeck
Hackenbieter
Haor
Jude
Kabache
Kärl
Kauhschitt usw.
kennen
Klüngel
Knuocken
Kostgänger
Kribbelkopp
Kuckuck
Külter
Kunte
Lachsnute
Landlaiper
Latienfriätter
leig
Lodderjan usw.
Lump usw.

Lunenköster
Luseficks
Mäse
Menske
miegen
Müse
Muulape
Nachtuhle
Patroiner
Petrett
Rabauenkopp
Racker
Rubbsack
Rüe
Rüggen
Satanswief
Schindaos usw.
Schinntiewwe
Schitt
schlecht
S(ch)nottlieppel
Schruwe
Sliepphacke
Slüngel
Stankettenflicker
Swien

Swienieggel	Undüegende	Vlatsnickel
täiknen	Unmann	Wick(e)wief
Undier	Uott	Wief

Alter

Aolle Schüer	Schruwe	Wief
Aollske	Tünte	
Aolt Isen		

Angeberei, Aufschneiderei, Besserwisserei, Dünkel, Prahlerei, Unreife

Balderbückse	Haugmieger	Schnodder
baortgaiwe	Kiek-in-de-Welt	S(ch)nottlieppel
baortgeil	Kunte	schuiten
Blieckesnute	Latienfriätter	Strunzmichel
Genebeck	Lierendreiher	Wiährfahne
Gräsape usw.	Nieggenklook	Wiesen
grautmülig usw.	Pannkröter	Wiessnute
Grautmuul	Praohlbückse	
Haienkärl	Präöhler	
Hampelmann	Pucher	

Ängstlichkeit, Empfindlichkeit, Feigheit, Wehleidigkeit, Weinerlichkeit

Bählamm	Jesemännken	quengelig
Bangebücks usw.	Lollekater	quietterig
Biewwerbücks	Quängel usw.	seepaigen
Grienesnute	Quängelstine usw.	Sippeltrine
Hülerie	Quengel	

Arbeit

Balbuuser	Lierendreiher	ramentern
Bummel-Hermen	Lünssenkieker	sweeten

Armut, Hunger

Beddelhans	Landlaiper	Pracher
Beddelpack	Langnatt	Smachtlappen
Här von Häbbenicks	Loßdriewer	Snurrant
Kastenkärl	Luedderhans	
Klüngel	Lump usw.	

Aufdringlichkeit, Gaffen, Quälerei

Bollenkleiwer	Muulape	Tieppkentrecker
Jaapspaohn	Rabauenkopp	

Berufe und Tätigkeiten

Appeltiewwe	Landlaiper	Prumenküötter
Barbutz usw.	Menskenfiller	Putz
Bässembinner	Müffkesdreiher	Schaiper
Biuer	Pape	Sniederbuck
Buer	papieren Dagelöihner	Speckmüenek
Kastenkärl	Pieckfister usw.	Stankettenflicker
Kittschieter	Pillendreiher	Tiännbriäcker
Klättker	Pissekieker	

Betrügerei, Diebstahl, Kriminalität

anschieten	Galgenstrick usw.	Schinntiewwe
Ärsnickel	Gaudeif	schlecht
Bedreiger	leig	Schubbejack usw.
bedrieten	Rabauenkopp	Stiälldeif
beschieten	Racker	Verbriäcker
Beschieter	Schindaos usw.	Wilddeif

Bissigkeit, Geschrei, Gezeter, Jähzorn, Streit, Zank

Adderkatte	Blieckedine usw.	Bölker
Appeltiewwe	Blieckekunte	Bollerkopp
Balderhans usw.	Bliecketiewwe	Brusekopp
Biettiewwe	Bölkebast usw.	Bullerbast

domenöiern
Dullbrake usw.
Fiägebättken
Fiägefüer
gnadderig

Graite
Knieptange
Knietterkopp
Kribbelkopp
Nietterkopp

Schandplaoster
schandudeln
Tange

Boshaftigkeit, Flegelei, Frechheit, Rohheit

Adderkatte
Aos
Aostüüg
Appeltiewwe
Ärsnickel
Backelaas
ballerig
banklammerig
Baskire
Bollerkopp

Brusekopp
Buffbaff
Bullekärl
Buttkopp
Dullbrake usw.
Düwel
Gaffeltange
Gluperie
Graite
Huornk

Knieptange
leig
Moer
Rieckel
Rubbsack
Satanswief
Straotendriete
Verbriäcker

Derbheit, Grobschlächtigkeit

Backelaas
ballerig
Bollerkopp
Brusekopp
Buerntrampel
Buffbaff
Bullekärl
Bullerbast
Buttkopp

Draguner
groff
Kniewwelkopp
Kollerbast
Lump usw.
ramentern
rammschuocken
Rieckel
rubästig

Rubbsack
Ruggebraak usw.
Ruggliähr usw.
Ruhbast usw.
schandudeln
Undier
Wööstbrake

Dickköpfigkeit, Eigensinn, Quertreiberei, Rechthaberei

aohrdreisk
astrant
balstürig
Böskopp
Dickkopp

Driefnack
Eegenpratk
häbberächtig
Häwwerächter
köppsk

Osse
steenpöttig
Stiefleer usw.
Twersbrake usw.

Draufgängertum, Übermut

Balderäs	Balkenkater	Brusekopp
Balderfritteken	ballerig	
Balderhans usw.	Biesegatt	

Drohung

Ächste usw.	Knuocken	Veddermännken

Dummheit, Einfalt, Gedankenlosigkeit, Gutmütigkeit, Vergeßlichkeit

Androis	Dueddeldier	Holschenkopp
Baseltrine	dueddelig	Holtschlage
Bisterkopp	dumm	Iesel
Biuer	Dummbaort usw.	Kalf
Blinnehesse	Dusselkopp	Kopp
Dämelack	Gaus	Osse
daor	Gössel	Ossenkopp
däösig	Gräsape usw.	Uhlenküken
Däöskopp	Halfscheid	Utfuetsküken

Einbildung, Heuchelei, Schmeichelei, Schöntun

Ächste usw.	Gaitlink	Lunenfechter
Adderhöneken	glupkig usw.	Mäse
Ape	Hilligenfreter	Pinn
Ärslecker usw.	Hippe	Rosinen
Fliemerkunte	Hitte	Siegge
Früemeke	Kumpelmentenmaker	Stüntzeler

Eitelkeit, Geziertheit

Adderhöneken	apig	Tünte
Aperie		

Essen, Fressen, Wohlbeleibtheit

Bello	Langnatt	Slickertann
Dickbalg usw.	Leckertann usw.	Slömer
Frettsack usw.	Schulte Schmoltappel	Snuckeler

Falschheit, Heimtücke, Hinterlist, Verlogenheit

Ärsnickel	Hackenbieter	Racker
Bandrieckel	iätterbiettsk	Schaleier
Döppkesdriewer	Kloppe	schaluh
düördriebbenen Kärl	Kniepp	Schiällkieker
Düwelskärl	Leigenbühl usw.	Schubbejack usw.
Fießlänner	Luerbaß	Sliekenfänger
filuhig	luerbiettsk	Stillkesdriewer
finessig	Lunenfechter	
finnig	Lurks	

Faulheit, Trägheit, Trödelei

ächten	Fuulheit	Müse
Banklammer(t)	Fuulwams	pissen
Biuer	Lacks	pupen
Buer	Liegstrieper	sweeten
Bummel-Hermen	Lierendreiher	Tömiggänger
Dagsläöper	Lodderjan usw.	Uhlenkopp
draoh	Luedderhans	

Frau: Flatterhaftigkeit, lockerer Lebenswandel

Allemannsbruut	Hor	Miähr
Angeltrine	Hunsfuetse	Muichmetse
Aolle Schüer	Jask	Tiewwe
Deier	Kiärmes	Üße
fluckstern	Kunte	Wief
Fluddersk usw.	Matsfuetse	Wipse
Fuett	Mauenfrieerie	
Fuetze	Metiätter	

Frömmelei, Kirche

Hilligenfreter	Pape	Stillkesdriewer
Kloppe	Speckmüenek	

Gebrechen, Häßlichkeit, körperliche Besonderheiten

Ärsgatt	Kackstänner	quietterig
Äs	Kiärkenfenstergesicht	Schabellenkopp
Äskiev	Knickebeen	Schiällkieker
Baskire	Knieptange	Schüppe
Beddemieger usw.	Knuockengestell	Speckmüenek
Beddeschieter	Krottsack	Spinnewipp
Beene	Krüeckeler	Stiefleer usw.
Bello	Lurks	Stuetterbock usw.
Borst	Machochel	Stuetterbuck
Braodenmiul	Mäse	täiknen
Dickbalg	Muulape	Taoske
Dicksack	Pannen	Tiännewieser
Flappsnute	paselacken	Tittmeseken
Füermüser	Pippmeseken	Utfuetsküken
Füörsterkunte	Pruckelbuil	Wuoddelbuil
Fuorts	Pückelken	

Geiz, Gier, Habsucht, Kleinigkeitskrämerei, Pedanterie

Geldmueker	Knaupmaker	raffsk
Giezkragen	Knickstiewwel usw.	schrappig
Gnaosterpinn usw.	Korinthenkacker	Schrienäs
Gosemelker	Pottschräpper	Stickenknieper

Geschwätzigkeit, Schwatzhaftigkeit usw.

Antefuett	Daske	Küerdaise
Antenärs	Fölefuett	Küerklaos
Bäbbel	Gäbbel	Küerkunte
Babbelsnute usw.	Gäppe	Lällebeck
Balderbückse	Hauhnerfuett usw.	Quamelhans usw.
Dabbelbäte	Kraomerlatien	Quaogelerie

Quaterbücks usw.　　　　snäbbeln　　　　Tuetteler
Quickelpinn

Gesindel

Aostüüg	Liedderjacks	Lump usw.
Beddelpack	Lodderjan usw.	Pack
Janhagel	Loßdriewer	Packvolk
Landlaiper	Luedderhans	

Haltlosigkeit, Liedderlichkeit, Leichtsinn, Unzuverlässigkeit

Aoband	Kauhstiätt	Pund Wuorst
Bässembinner	leig	schlecht
Danzmester	Lichtfinke usw.	S(ch)nottlieppel
Hambummel	Liedderjacks	Snüffel von'n Jungen
Hampelmann	Liedderwams	
Kärl	Patroiner	

Herumtreiberei, Promiskuität

Allemannsbruut	Fluddersk usw.	Lodderjan usw.
Angeltrine	Hahn	Loßdriewer
Aolle Schüer	Ladderk	Luedderhans
Bisterbalg	Landlaiper	
Bollenkleiwer	Liegstrieper	

Kinder, Kindsköpfe

Äs	Gräsape usw.	Lusepurk
Askeprökeler	Häcksel	Packsbänne
Bankert	Iesel	Pamwiemmel
Bäsken	Juffernkind usw.	Pippmeseken
Bengelken	Kläggekatte	Pummerl
Blage	Kraomerlatien	S(ch)nottlieppel
Blagenkopp	Krodde usw.	Seitemiälkskind
Bücksenpeter	Krottsack	Slackedalges usw.
Dicksack	Lüllpeter	Slams
Drielaiper	Lusepüngel	Sleif

Slüngel   Unäbel   Unnermüegsel
Snüffel von'n Jungen

Klatsch, Tratsch

Adderkatte	Gaffeltange	Küerdaise
Appeltiewwe	Hieckeltiewwe	Schandplaoster
Biettiewwe	Klaffkunte	Tappteite
Fiägebättken	Klappei	

Körper, Körperfunktionen, Körperteile

ächten	Gäbbel	Penül
Ächste usw.	Gäppe	Piddewitt
Ärsgatt	Gatt	Piemmel
ärswuorsten	Kackstänner	Pinn
Äs	Kinneräs	Pippel
Äskiev	Kopp	pissen
Bäbbel	Knuocken	Prum
Bäbbelsnute usw.	Kunte	pupen
Beene	Latte	Puper
Bollenkleiwer	Leckertann usw.	Raimen
Borst	Lusepättken	Rüggen
Braodenmiul	Mäöerwerk	Schitt
Flappsnute	Mäse	schuiten
Fuett	miegen	Swengel
Füörsterkunte	Miesmoer	

Mann: Sexualverhalten

Aolle Schüer	Eenspänner	Leifhäwwer
Aolt Isen	Flinte	Loßdriewer
Ärsficker	Hahn	Mauenfrieerie
Ärsnickel	Hengest-Kärl	
Bollenkleiwer	Kollebiuer	

Murren, Nörgeln, Unfreundlichkeit

aohrdreisk	gnadderig	müülsk
astrant	Gnuerpott	ramentern
Blubberbaort	Grienesnute	Schaiper
Bruimöppel	Knüetterkopp usw.	steenpöttig

Nachgiebigkeit

Strouhkärl	Wasklappen

Naschen, Neugier, Spionieren

Klinkefister	Niggeschitt	Slickertann
Leckertann usw.	Pottkieker	
Nieggenklook	Pottlecker	

Nichtsnutzigkeit

Alfanzerigge	Flitzenfänger	Slams
Alwerjan	Himpamp usw.	Sleif
Apenstauhl	Hippenköster	Slömer
Är	Hucke	Staoh-in'n-Wäg
äsverkatt	Labbeck	Strouhkärl
Balg	Leerbeck	Unäbel
Danzmester	Lunenfechter	unnüesel
Daugenicks	Pappstoffel	Uott
Fickfäckerie	Quättkerie	upstellen
Fissematenten	Quinten	Wasklappen
Fissematentenmaker	Quintensliäger	
Fliernflittk	Rüenköster	

Reden, Singen, Sprache, Sprechen

bläddern	Küerklaos	snäbbeln
Blubberbaort	Quaogelerie	Snakerie
Bölkebast usw.	Quaterbücks usw.	Stuetterbock usw.
Küerdaise	schuiten	Tuetteler

Schlechtes Benehmen

Banklammerie	banklammern	leig
banklammerig	Bölker	Schaiper
Banklammer(t)		

Starrsinn, Trotz, Widerspenstigkeit, Zähigkeit

astrant	Eegenpratk	Taohbast
balstürig	häbberächtig	Taoske
Böskopp	Häwwerächter	
Driefnack	köppsk	

Steifheit, Tölpelhaftigkeit, Umständlichkeit, Unbeholfenheit, Zögern

Ächste usw.	draoselig	Sluffen
Bankrieckel	Drüemmeldier usw.	Slüör
Baselack	Kauhhacke	Slüörhammel usw.
Blinnehesse	klabastern	Staken
Buck	Klodderhacke	Stiefleer usw.
Buffbaff	Klüngelpaiter	Stohl
Bummel-Hermen	Pappstoffel	Sünte Klaos
draoh	Pinn	Trampeldier
Draohttrecker	Slaopmüske	Traondott

Trinken, Trunksucht

Bässembinner	Drunk	Süper usw.
Beerkopp usw.	Kunte	Swien
beschasken	Nachtuhle	
bullig	schasken	

Unbedachtsamkeit, Ungeduld, Unruhe, Unzuverlässigkeit

Balderäs	Baseltrine	Kinneräs
Balderfritteken	Biesegatt	Rammspauk
Balderhans usw.	Bisterbalg	rängstern
Baselgiärd usw.	Fickfacker	Rappelkasten

| Sieggensteert | Spring-up-de-Kist | Wippstiätt |
| Spinnewipp | Weherpaohl usw. | |

Unsauberkeit, Mißwirtschaft

ärswuorsten	Biesemicke	paselacken
Balbuuser	Drecksack	Reister
beäösen	Dreckswief	Rülps
Beddemieger usw.	Fickel	schietterig
Beddeschieter	Griewwel	schmiärig
bekladdern	Ladderk	Schnottenpatt usw.
berotzen	Mistfinke	S(ch)nottlieppel

Sliepphacke	Strubbenickel	Tange
Slieppkunte usw.	Struntzel	Üggel
Sloddermichel	Suege	Ülk
Slüör	Suegnickel	Unsel
Slüörhammel usw.	Suegestiätt	Üterbuck
Smeerfink usw.	Swien	
Stinkfister	Swienieggel	

Verkehrtheit, Verrücktheit

| äsverkatt | unwies | verkatt |
| stakenunwies | | |

Literatur

Aman, Reinhold: Bayrisch-österreichisches Schimpfwörterbuch. München 1979
Born, Walter: Kleines Wörterbuch des Münsterländer Platt. Münster 1990
Gehle, Heinrich: Wörterbuch westfälischer Mundarten. Hochdeutsch-Platt-
deutsch. Münster 1977
Kluge, Friedrich: Etymologisches Wörterbuch der deutschen Sprache. 11. — 16.
Auflage bearbeitet von Alfred Götze. 17. Auflage unter Mithilfe von Alfred
Schirmer bearbeitet von Walther Mitzka. Berlin 1957
Krewerth, Rainer A.: Jovel Schofel Apenköster! ETC. Münsterländisches
Schimpfwörterbuch. Hochdeutsch. Plattdeutsch. Masematte. Münster 1986
Raub, Julius: Plattdeutsche Sprichwörter und Redensarten zwischen Ruhr und
Lippe. Münster 1981
Schepper, Rainer: Kleine Lektion über westfälischen Humor für Anfänger und
Fortgeschrittene. Münster 1989
Schepper, Rainer: Wo kuemmt de kleinen Kinner hiär? En Bellerbook för klein
und graut, gradeharut aohne dumm Tüüg und aohne Quaterie vertellt un jüst
so, äs't in de Welt togeiht; tonaigst för Ellern un Kinner in Amerika schrieb-
ben von Peter Mayle, nu auk endlicks nie vertellt in westfäölsk Platt. Ham-
burg 1976
Schmoeckel, Hermann und *Blesken, Andreas:* Wörterbuch der Soester Börde,
ein Beitrag zur westfälischen Mundartforschung. Soest 1952
Schuster, Theo: Plattdeutsches Schimpfwörterbuch für Ostfriesen und andere
Niederdeutsche. Leer 1991
Wagenfeld, Karl: Ick will di maol wat seggen. Schimpfwörter und Redensarten,
Kinderreime und Lieder, Glauben und Aberglauben, Namen und Begriffe,
der ›Allerwerteste‹ im Volksmund des Münsterlandes, Hausinschriften und
anderes mehr aus seinen volkskundlichen Schriften. Hrsg. von Hannes Dem-
ming. Gesammelte Werke Band 3. Münster 1983
Wagenfeld, Karl: Volksmund. Plattdeutsche Sprichwörter und Redensarten des
Münsterlandes in ihrer Anwendung. Essen 1911
Westfälisches Wörterbuch hrsg. im Auftrage der Kommission für Mundart- und
Namenforschung des Landschaftsverbandes Westfalen-Lippe nach Vorarbei-
ten von Erich Nörrenberg, Felix Wörtmann, Karl Schulte-Kemminghausen,
William Foerste und anderen von Jan Goossens. Band 1 Erste bis Neunte Lie-
ferung. Neumünster 1973 — 1991
Wibbelt, Augustin: De Strunz. Ne Industrie- un Buern-Geschicht ut'n Mönster-
lanne. Essen 1920
Wibbelt, Augustin: Drüke-Möhne. Vertellssels uut'n Möänsterlann', hrsg. von
Rainer Schepper. Münster 1985

Wibbelt, Augustin: Wildrups Hoaff. Eine Erzählung in Münsterländer Mundart, hrsg. von Rainer Schepper. Münster 1991

Woeste, Friedrich: Wörterbuch der westfälischen Mundart. Im Auftrage des Westfälischen Heimatbundes neu bearbeitet und herausgegeben von Erich Nörrenberg. Wiesbaden 1966

In unserem Verlag ist gleichfalls erschienen:

Katechismus der Münsterländer
Auszug aus den Memoiren eines Verstorbenen.
Neu herausgegeben von Rainer Schepper.
Nachdruck der Ausgabe Arnsberg 1835
52 Seiten, kart. DM 7,80

›Muß der ›Verstorbene‹ anno 1835 sich über die Münsteraner gegiftet
haben…!‹

›…ein köstliches Zeit-Porträt, das der Münsteraner Rainer Schepper da aus-
gegraben hat…
Die Leser werden bei der Lektüre je nach Temperament schmunzeln oder
lauthals lachen…‹
(Nordwest-Zeitung Nr. 36/1978)

›Die gallige Rache des Arnsbergers ist heute amüsanter zu lesen als
damals…‹
(Westfälische Nachrichten Nr. 213/1978)

Bitte fordern Sie unser neuestes Verzeichnis an.
Verlag Schuster 2950 Leer/Ostfriesland